盛世新管理书架
SS New Management Bookshelf

3.0时代

微营销

指尖上的利器

掌握未来十年内不得不用的新型网络营销利器
开启网络盛世下的新"赢"销时代

文丹枫 著

人民邮电出版社
北京

图书在版编目（CIP）数据

微营销 ：指尖上的利器 / 文丹枫著. -- 北京 ：人民邮电出版社，2013.8（2014.11 重印）
（盛世新管理书架）
ISBN 978-7-115-32491-7

Ⅰ. ①微… Ⅱ. ①文… Ⅲ. ①网络营销—研究 Ⅳ. ①F713.36

中国版本图书馆CIP数据核字(2013)第155744号

内 容 提 要

本书站在更宏观更广博的层面上，对下一个"微营销会占据未来十年"进行论断，以"指尖上的利器"这一形象的比喻逐一向读者介绍微博营销、微信营销、移动营销、iPhone 营销、移动广告营销、线上线下整合营销、移动应用程序营销、新媒体营销等，并对营销 4.0 时代进行前瞻，如 UU 微博通、微电影等微营销工具，让更多的企业营销者立体直观地选择并使用这些工具，重建自己的营销体系。

◆ 著　　　　文丹枫
　责任编辑　赵　娟
　责任印制　杨林杰
◆ 人民邮电出版社出版发行　　北京市丰台区成寿寺路 11 号
　邮编　100164　　电子邮件　315@ptpress.com.cn
　网址　http://www.ptpress.com.cn
　北京隆昌伟业印刷有限公司印刷
◆ 开本：700×1000　1/16
　印张：14　　　　　　　　2013 年 8 月第 1 版
　字数：188 千字　　　　　2014 年 11 月北京第 8 次印刷

定价：38.00 元

读者服务热线：(010) 81055488　印装质量热线：(010) 81055316
反盗版热线：(010) 81055315
广告经营许可证：京崇工商广字第0021号

序　言

一场烽烟正起的营销革命

在当下，各种各样的营销手段被演绎到了极致。

小到发放传单、张贴小广告，大到在电视、报纸杂志上做广告，商家可谓是无所不用其极，目的只有一个——提高公司的知名度，把自己公司的产品、服务给推广出去，扩大企业的影响力。

有的企业财大气粗，在这些方面无疑做得很好，有的广告词在街头巷尾遍地传播；有的企业虽有资本，但因营销机构不健全、手段使用不恰当，则是处处碰壁；还有的企业虽然规模不大，但在营销方面做得并不比一些知名企业差。

同样都是在做营销，为什么会出现不同的结果？

很简单，时代在进步，科技在发展。**不懂得与时俱进的企业，在接下来的营销战争中，必然要面临失败**。

商家在参与到营销的大潮当中时，必须要有敏锐的嗅觉，才能及时察觉到营销市场上的“风吹草动”。21世纪刚刚来临之际，我国的计算机、互联网、移动手机网络技术日新月异，社交平台迅速发展，那时国内很多优秀的企业家就已经察觉——国内的营销市场即将发生一场洪涛大浪，而这场大浪所带来的，必定是营销手段、模式的巨大变革。

这次巨大变革所带来的，就是微营销。

微营销看似不是主流的营销战场，但是逐渐地，在其中弥漫起的烽火硝烟足以与电视广告等主流媒介相媲美，甚至犹有过之。很多商家这时才意识到微营销所能带来的价值与影响力，纷纷加入，下海捞金。

但是，不是每一个商家都能很快适应微营销模式的——不通过正确的途径，不了解微营销潜在的秘密，很难以最小的代价换取最大的利益。如今已不是20世纪70、80年代那种带着微薄的身家和一股子冲劲就能闯出一片天地的时代了，只有了解到微营销市场的规律，抓住它、利用它，才能如鱼得水。

本书将从微营销的各个环节，详细介绍其形成与发展的历史，帮助读者了解微营销的特征、利弊及多种方法与途径。希望通过本书，能让新时代的商家们为自己企业的营销模式添砖加瓦！

目录

CONTENTS

第二部分　下一个“微营销会占据未来十年”的论断

第4章　全面解读指尖利器

第三部分　微营销保卫战

第5章　首先选对主战场

第6章　我们的工作就是传播价值

第五部分 微信营销：盛世享微言

第六部分 移动营销：不只推送消息，还传播一对一的商机

第一部分

细说那些发生在营销3.0时代里的故事

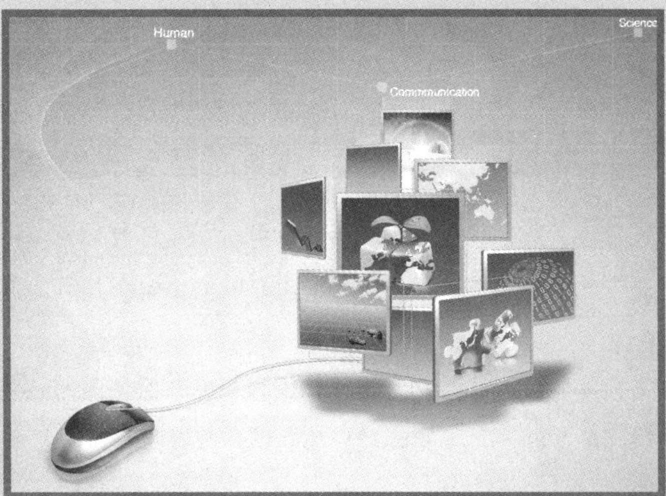

第1章　瓶颈：传统营销模式需要全面升级

如果把传统营销比做一口深不见底的井，那它一定是口吞噬金钱的井，虽不能称为“陷阱”，但在网络科技发展日新月异的今天，足以引发我们对传统营销瓶颈的思考，以及对新型营销模式的探索。

那么，传统营销模式有哪些瓶颈？

首先，大部分企业做了很多“烧钱”活动。如比比皆是的电视广告、广播广告、平面广告等。不能说这些营销方式一无是处，但如果学习了微营销，掌握了未来十年内不得不用的新型网络营销利器，一定会觉得之前的“烧钱”绝大多数是没有必要的。

其次，传统营销媒体在精确度上缺乏一定的保障。虽然投入了大量金钱，但却不一定把钱用到极致，也就是说，投出去的每一分钱并不能保证用到位。即便广告在我国的普及率很高，受众面很大，但不可否认的是，看广告的人很多，付出购买行为的客户始终占少数。加之这种营销方式很难将企业个性化的一面展现出来，其发布的信息针对性弱，自然也就无法很好地满足市场需求。

如果想要突破瓶颈，就必须打破传统模式，吸收新的营销模式，开启网络盛世下的新“赢”销时代，跟上时代的潮流，才能追得上财富的脚步！

传统营销的无奈：当苦痛逐渐吞噬了快乐

在传统营销中，最具代表性的莫过于付费广告营销模式，对此我在创作本书之前采访了一些曾服务过的企业主和淘宝卖家，总结他们对这种营销模式的看法，得到一个观点——**传统营销往往让人欢喜让人忧，可是当苦痛逐渐吞噬了快乐，着实令人无奈**。

为什么这么说？

如果不考虑其他因素，只考虑目前的推广率，能达到保本就已经谢天谢地了。如果想要进一步盈利或者做大，这种传统营销模式必然要持续使用很长一段时间，而持续则意味着要投入更多的营销成本，不知不觉中钱就从口袋里消失了。但大部分企业家和淘宝卖家一致认为，如果综合当前复杂的竞争环境，以及最后的投入产出比，做营销是必经之路。

问题是，我们如何才能花更少的钱，用最便捷、省力的方法获得最好的营销效果？

获得商家们的观点后，我进一步尝试拟了一个像是假命题的命题：

> 假设A企业每次做营销的成本投入为R，每次收益是T（T－R≤0，九成以上的商家认为每次营销的投入成本大于每次营销的收益），N次投入的效益=（T－R）×N≤0。
>
> 结果显示，企业持续投入营销的最终结果是“亏”，而不是“盈”，果真如此吗？当然不绝对，因为我们忽略了品牌积淀的影响作用。营销一段时间过后，如果营销做得好，那么品牌的知名度和认知度将会大大提升，表示将会有越来越多的潜在消费者会掏钱购买。

这也是令所有商家感到既快乐又苦痛之处，**快乐是因为有可能打响品**

牌，赢得客户；苦痛是因为也有可能营销失败，造成亏本。踏上了传统营销之旅，犹如踏上了一段冒险的旅程，旅途中有珊瑚、珍珠，也有暗礁。当有天苦痛吞噬掉仅有的快乐，就变成了一条“不归路”。

商家们的未来何去何从，到底该如何绝地反击，走出传统营销的无奈呢？

第一、考虑如何才能让潜力买家第一时间发现你并参与到营销活动中

如做广告，如何才能做到让消费者口口相传，形成口碑效应。举个例子，2011年3月，在淘宝上本来销量平平的Y（化妆品）商家通过新浪微博发布了一条关于“史上最荐婚礼”的消息，在数小时后便获得上万人次转发，甚至一度登上了微博热搜榜，引发网友热议，该化妆品公司的产品也因此成了淘友，尤其是80后消费群体的新婚“主角”，在短短一周内，竟然卖出去8万多套化妆品，参与Y企业话题讨论、互动的粉丝也越来越多。在这场营销战中，似乎Y企业并没费什么力气，却引来微博粉丝主动围观，进而吸引了潜力购买者。微博——看似不足以和BBS、贴吧、博客匹敌的新型营销模式竟然成了该商家号召粉丝、激发购买、走向成功的“杀手锏”。

第二、思考如何通过营销给消费者留下深刻的印象

当然，我只是举一个简单的例子，在新型微营销模式中，微博营销只是其中之一，还有微信营销、移动营销等。

我想说的是，当你选择了一种营销模式后，不能把全部的希望寄托在营销工具上，上述案例中的Y商家只是基于微博营销平台的营销推广，至于如何利用这些微营销平台做推广则需要商家自身的努力。例如，Y企业发布以“婚礼”为主题的活动，至少要有一个看似美丽的故事做“诱饵”去吸引粉丝的注意，可见，如果在营销模式创新基础上，辅以内容上的创新，营销才会更容易成功。

然而，世界顶级营销专家Ai・Ries（艾・里斯）早就预言：“传统营销将没落，取而代之的是一种新型有效的营销效能提升方式。”随着网络新营销媒体的崛起，这句曾经的预言早已不是什么传说，而是逐渐被越来越多的商家采用。其中包括戴尔、可口可乐、联想等国内外知名大企业。

可见，**当越来越多的人开始主张不把鸡蛋放在同一个篮子里时，你就应该已经意识到，革命性的思考和变化正在发生**。

因为社会化网络浪潮正向我们袭来，据CNNIC调查数据显示，目前，在我国网民中，有50%的用户都注册并正在使用社会化网络工具，平均每人每天至少会在这些社会化网络工具上登录1～2次，因此，我们有理由相信，伴随着微博、微信等网络工具的使用，如果你不加以了解并利用这些新型微营销模式，必定会被业内人士戏称为“OUTMAN”，迟早会被竞争者超越。唯有掌握了新时代的营销革命利器，才会走出无奈的阴霾，脱离苦痛的边缘！

玩一轮所谓“烧钱”的营销游戏

一说起企业营销，很多商家都会大皱眉头，因为在他们心中，营销与宣传、广告、销售等是一体的。而这些环节中，每一个都要花费大量的人力与财力。虽然各种营销手段能给企业带来效益，但是付出巨额的代价还是让人感到心疼。

21世纪以前，国内的营销宣传主要集中在电视、电影和报刊杂志等主流媒体上。

做过广告的商家都知道，仅仅是在稍有名气的报刊上刊登一则短短的广告，价格就以千元计算，想要在中央电视台等面向全国的平台上做广告，花费更是天文数字。当然，起到的效果是和花费成正比的。尽管类似的宣传与“烧钱”无异，但是依旧有无数商家奋不顾身地跃进火坑。

然后，就是营销的第二个环节，即销售。

众所周知，做完了宣传就要马上销售，才能趁着宣传的热度转化为销售利润的最大化。不少商家在各大商场、超市内设下销售点，或派出业务员四处跑业务、拉订单。这样效率虽然低了些，但凭业务员三寸不烂之舌、商家苦心宣传以及各种许诺，还是有不少订单和客户。

最后一个环节，即营销反馈。

所谓反馈，指企业对上一轮营销的反思及巩固。**企业的营销并不是“一锤子买卖”，只有实现长远地持续盈利才能让企业富有活力**。商家对客户的意见进行收集，对企业营销过程中出现的问题做出改进，才能在下一轮的营销战争中取得更好的成绩。

这种营销方式，就是我们所说的传统营销模式。

很多企业家认为，营销之所以烧钱，关键是宣传成本高。但事实并非如此，在营销过程中，企业不仅要花费巨额广告费以树立起其企业形象和产品口碑。这种用大量金钱建立起的价值，其实并不是稳固的，一旦产品质量、后期服务等关键方面出现问题，不管花了多大代价建立起的企业价值都将瞬间化作泡影，三鹿奶粉就是一个令人反思的案例。

更需要注意的是，在将看到广告的潜在消费者转向客户的过程中，企业也需要花费大量的心血。“心动就要行动”这句话在营销中并不完全适用，尤其是在国内，很多消费者都持保守的消费观念，想要让他们掏腰包，不仅业务员、推广员要费尽唇舌，企业也要通过各种活动让消费者信服。无形间，商家耗费了大量的人力成本和时间成本，这有时并不低于宣传成本。如商场打折，商品的折后单价累积起来，这个“折后价”让企业的利润减少了很多。

并不是只有一家企业在做营销，同行业的很多对手也都虎视眈眈。市场占有率越大，分到的蛋糕数量也就越多，但蛋糕分量却少之又少，这也就使商家义无反顾地投入到营销战争中，大把大把烧钱。一轮“烧钱游戏”下来，几家欢喜几家愁。

显然，想要持久地做好营销，在业内独领风骚，单纯依赖这种花钱如流水的传统营销模式是不行的。

用现金维护品牌的路还能走多远？

如果有人问，2011年收视率最高的电视节目是什么，有人会回答是《非诚勿扰》，也有人会说是《快乐女声》。但是答案一公布出来，却让人大跌眼镜。收视率最高的并不是这两大综艺节目，而是夹在二者中不断出现的OPPO广告。2011年，步步高几乎将全国的收视冠军节目包揽下来，高价宣传旗下的OPPO音乐手机。据估算，仅仅是当年的广告费用，甚至就可能达到10亿元人民币之巨。

毋庸置疑，步步高巨额花费是有回报的，其手机销量在当年跻身国内前列，名声也达到了一个无以复加的高度。但是，经有心人的计算后发现，这种大规模的营销背后所带来的利益，并不足以弥补宣传的巨大支出。甚至，业内流传出步步高如此行径，只是暴露了其销量不佳、产品不良等弱点，是心虚的表现。

像步步高这样用现金来维护品牌的企业还有很多，但是他们的路还能走多远呢？

当下，国内的营销局势可以用“鱼龙混杂”来形容：有像步步高、美特斯邦威这样不计成本大规模打营销战争的企业；也有从地区做起，逐渐扩大经营范围的企业；还有多种营销方式同时使用的企业。不管用的是何种方式，都有企业能够在其中获利，但是更多的则是利润不佳。商家往往只看到光鲜的成功者，却看不到在营销中大多数因选择了不适合自己模式而失败的企业。因此，很多商家只形成了一个观念——营销做得不好，是因为企业不舍得花钱，投入不够大，回报自然也就不理想。由此，走上了用大量现金来维护品牌的“不归路”。

现金维护品牌之所以是条“不归路”，原因有三：

原因一、企业家往往不能考虑到自身的情况就选择这条道路

并不是所有企业都有能力承担这种营销方式的。有些企业能够以原有的营销方式运营得很好，但是一旦想要盲从扩大营销的规模和成本，就容易导致企业财务失衡，使资金链断裂。

原因二、传统的营销方式本身就是一种恶性竞争

在大规模的营销现金战中，失败者固然损失惨重，成功的一方也未必就能收回成本，可以说是两败俱伤，唯一获利的只有作为营销媒介的各主流媒体。

原因三、用现金堆砌起来的品牌信誉是非常不稳固的

营销模式对企业来说固然重要，但对企业来说，其价值远不止如此，其中，企业的产品价值（产品及服务的质量、生产数量、性价比等）、企业的品牌价值（企业的名望、信誉度、客户口碑），等等，重要性不低于营销模式。甚至，只要其中一个环节出现纰漏，无论企业花多少钱来维护品牌，结果往往收效甚微。

因此，在科学技术日新月异的今天，商家如果还在做“开着飞机撒钱”这种营销模式，那必将被各种各样新兴的营销方式所淘汰。

第2章　趋势：新营销模式路线图

在过去，国内企业的营销方式是以传统营销方式为主，多种营销途径并行。也就是说，虽然商家可以利用各种各样的方式对自己的产品和服务进行宣传、销售，但最主要的营销方式依然是传统的“烧钱营销”。

不能忽视的是，近些年来，相当一部分的新型营销方式逐渐走红，地位不断攀升，越来越多的商家开始转移营销战场，其中一部分甚至已经早早地取得了成功，企业的营销模式也得以升级。

营销模式的转变主要分两大方向，一是横向转型；二是纵向转型。

横向转型是指企业营销在营销手段、营销平台和媒介、营销内部模式等方面转型。例如，不少企业将自己的营销阵地从电视、报刊上向互联网转移，建立了企业的官方网站、经销网站，在一些主流的社交媒体上创建企业的微博或企业家个人微博等。

纵向转型，则是指企业在营销的内容、风格及宣传模式等方面转型。总体来说，就是从“灌输型”转向“嵌入型”。“灌输型”是传统营销的手段和最终目的，无论企业的广告多么有创意，其目的都是填鸭式地让消费者牢记企业的品牌、形象和产品，从而促进产品的销售。而“嵌入型”则更为巧妙一些，商家利用一些隐晦而生动形象的表达方式，潜移默化地让消费者在心中形成对商家的正面印象。如经常在春晚和其他一线电视节目中出现的嵌入式广告，就是典型代表。

无论是横向转型还是纵向转型，都是营销模式转变的潮流所在，企业只有搭乘上潮流的大船，才能在新时代的营销竞争中如鱼得水。

并未来迟的“微营销”

美、英等发达国家，早在2006年前后，类似Twitter这类的微博平台就已经崛起并迅速发展，不仅极大地改变了人们的生活，对营销模式也产生了巨大的冲击。而当国外的微博发展得风风火火之际，国内的营销模式看起来仍旧是固守着传统的营销手段。直到2009年左右，这股微营销的春风才吹到中国大陆。

然而，尽管比国外迟了几年，但这并不影响微营销在国内如野火燎原般地扩散，甚至有超过国外的趋势。

微营销能够在国内迅速蹿红，主要原因有以下三点：

原因一、随着经济和科技的发展，手机使用人数庞大，网络平台搭建完善，微营销蹿红是“大势所趋”

近些年来，在新浪、腾讯等“领头羊”的带领下，国内网络互动平台逐渐发展壮大。国内居民收入提高，几乎每个家庭都拥有了电脑，每个人都有了属于自己的移动手机，这为微营销的传播打下了良好的群众基础。

原因二、传统营销模式弊端日益暴露，营销模式亟需变革

没有企业不愿意少花钱、多赚钱的，而传统营销模式无疑是不适合绝大多数企业的。微营销的出现，对广大中小型企业来说，就像是久旱逢甘霖一样——转战微营销迅速成为很多企业做营销的最主要途径。

原因三、中国互联网用户基数大，便于传递信息

这是中国移动平台能够迅速发展的最主要原因，如果说互联网就像是串联所有用户的线，那么众多互联网用户个体就是微营销存在和发展的基础。中国互联网用户是美国、英国的好几倍。**用户多，就是优势**。

因此，不能因为国内的微营销市场起步比国外稍晚几年，就考虑放弃这块市场。商家要看到开发一块新领域的潜力，而微营销的潜力无疑是惊人的。

在很多人眼里，微营销这块“鲜美肥肉”并不好吃。这种观点并没有错，想要在短时间内放弃原有的营销模式，转战微营销是要冒风险的。不少企业都建立了属于自己的官方网站，但更多的“官网”则沦为了“皮包网站”。

企业如果不在官网的维护和信息的扩充上下功夫，那么浏览网页的网民只能看到企业的相关信息（全名、成立时间、组织机构等基本信息），却看不到其产品、服务的相关信息，即便是想要购买，也没有相应的在线购买链接。

还有的企业在微博平台上注册了企业认证微博，但是很少发布相关信息，也不会对外宣传企业近期动态，其关注度必定会降至冰点。像这样的情况屡见不鲜，根本原因就是商家对微营销的模式、运作手段不够了解。

新旧交替，前进还是后退

如果非要给当前国内的营销局势做出一个准确的定位，用一个词来形容最为贴切——新旧交替。

我国的营销正处在一个青黄不接的时刻，之所以这么说，一方面，是因为绝大多数企业还没有从传统的营销模式的形式中彻底解放出来，甚至在国内大学的专业设置和教学中，市场营销学也是以传统营销模式为基准的。另一方面，微营销等“非主流营销模式”已经走上正轨，很多企业都用自己的成功证明了这条路是完全可行的。这样一来，矛盾就产生了，如下表所示：

分类	具体想法
顽固派	原有的营销模式很好啊，为什么要放弃而涉足这陌生的领域
观望派	不会放弃传统营销，但在适当的时候会去尝试接触微营销
改革派	如同看到了希望的曙光，抛弃原先的营销套路，转而投入微营销

正因为不同的商家会根据企业规模、品牌价值、产品价值等因素对营销方式持不同态度，才导致了如今市场上多种营销方式并存的局面。如今再也不是传统营销模式一家独大了，而是互联网带来的微营销与其分天下的局面。

诚然，微营销的产生是科技发展的标志之一，也代表着营销模式登上了一个新台阶。但正是这些新兴营销方式的出现，对原本固有的营销媒介产生了前所未有的冲击。报纸广告、杂志广告、电台广告、电影电视广告、室外广告等媒介起到的作用无疑被削减了很多，而这些行业的主要收入也正是广告收入。虽然不能说是致命打击，但毋庸置疑正是微营销的出现让很多商家将精力从以往传统媒介上转移到互联网，这在一定程度上对主流媒介的发展造成了阻碍，对经济的全面发展或多或少也是一种打击。

不过，**即便是担忧，该发展的还是要发展的**。每一次技术、模式上的大规模革新，总是要影响到一部分个人或企业利益的，微营销的出现也正是印证了这句话。企业家不能目光短浅，根据美国营销协会及Aquent统计，虽然报纸广告等领域受到的关注度缩小了，但是移动媒体（手机网络）、营销自动化平台、社会化媒体等受到的关注度则是持续升温。

绝大多数人还是坚信，当微营销发展日趋成熟的时候，所有的质疑声都将消失——**每个新旧交替的时代，都会有一部分旧事物失去光彩，而一部分新事物发光发亮，这是不变的真理**。所以，当前的营销市场虽然看似混乱，但总体来说，依旧是一种不可逆转的进步潮流。

由戴尔销售看未来营销趋势

在所有的电脑品牌中，戴尔可以说是最重视微营销的企业之一了，也是最早进入微营销领域的电脑品牌。

早在Twitter刚刚面世，戴尔的高层就已经意识到了微营销已经迈入了一个全新阶段。因此，他们几乎是毫不犹豫地进军了这若干年后成为世界第一移动交流平台的领域，而这一举措，也为戴尔在2009年直接带来了950万美元的“Twitter营业额”。

开辟微营销的新战场，对戴尔来说是一个极为正确的决策。对一个全新的领域来说，率先踏进的一方必定会有优势，这是可以肯定的。而戴尔正是利用这种优势，在微营销平台上，迅速构建起了属于自己的一套宣传、销售、客服系统，牢牢地在新根据地站稳了脚跟。

对中国市场，戴尔也同样重视，并且在中国的微营销方面下了很大功夫。

2010年2月11日，戴尔在新浪微博注册了认证账号@戴尔中国，注册当天就有近万名粉丝对其关注。更加引人注目的是，@戴尔中国在微博平台上非常活跃，至今已经发布了数千条微博，其内容涵盖了戴尔最新产品的信息、企业的最新优惠活动、回答一些粉丝的问题等，甚至有时候还会与博友分享一些生活小知识。这些行为，很大程度上拉近了戴尔与中国粉丝们的距离。

在刚刚进入微营销领域的时候，戴尔电脑的CEO迈克尔·戴尔就曾经说过：“我们进入微博平台，不是为了把这一社会化媒体作为直接营销的工具，因为人们总是反感开门见山的推销员。”所以，戴尔在中国的微营销策略并非是要搞促销、搞活动、推产品，而是要真正拉拢顾客，让企业品牌价值在顾客的心目中无限放大。

为此，戴尔在客服环节上花费的精力最大。几乎每一个对其产品和服务有疑问的粉丝，都会在第一时间得到戴尔客服人员的回复，甚至是@戴尔中国的详细解答。正因为如此，戴尔在新浪微博上的人气，堪比一些一线影视明星，其发布的每一条信息，平均都会得到上百条回复和至少数千次的转发。

从戴尔的微营销策略中，商家不难看出，**微营销的基础是社会化媒体，而社会化媒体就是提供给网民活动、社交的平台，如果仅仅是发布广告、销售产品，过于直接，很容易引起网民的反感**。就像是看电视遇到广告时间、翻报纸中间有广告夹页一样，微营销如果不重视方式方法，也会起到反作用。

正如戴尔负责媒体互动平台的全球副总裁马尼什·梅赫塔说的那样，戴尔最重视的应当是客户最重视的是什么，而不是自己要卖什么。这就是营销业的“客户中心论”在微营销当中的应用，也可以说是“网民中心论”。

企业只有像戴尔一样，将产品价值放在首位，在人性化方面做到更好，就不难吸引粉丝，引发认同感和亲切感，才能在企业和粉丝（潜在消费者）之间建立起一个互动的桥梁，使两者的关系更加紧密直接。这样，潜在消费者就很容易成为真正的消费者，从而形成一部分固定的消费群体，企业的持续收入自然不成问题，微营销的根本目的也就此实现了。

第3章 颠覆：收获更多利润的机会和决心

“有投入就会有回报”是一句老话，大部分商家也都坚信这一点，甚至相信：“有更大的投入就有更大的回报。”

实际上，这句话在营销业并不一定适用。

成功者毕竟是少数，对很多中小型企业来说尤为艰难。多少商家在投入了大笔资金做营销之后依旧难以收回成本？恐怕数都数不过来。并不是每一位企业家都愿意为微营销涉足冒险的，很多商家认为微营销因为不需要太多投入，所以带来的回报自然不会有多么理想，微营销可能会相当于一块鸡肋——食之无味。

但现实颠覆了很多人的观念，也让不少抱有上述观望态度的企业家大跌眼镜——为什么有些企业仅仅是在微博上发布一些消息就能够受到如此巨大的关注？由此带来的利益也如此巨大？

商家们没有意识到正是他们所不重视的微营销，能够给原本发展无门的中小型企业带来无数商机。微营销的门槛之低，给了这些商家把自己的营销做大做强的机会，再也不受原本缺乏资金的束缚，从而建立起属于自己的互联网营销模式。

微营销的原则就是：只要了解运营模式，抓住微营销精髓，就增加了走向成功的概率。在同等条件下，在相对公平的环境中，一些中小型企业的微营销做得不一定比很多大型企业差，自然也就领先同侪了。

只有商家下定决定，迈进微营销，搞好微营销，才能让自己的营销之路走得更远。毕竟现在的营销市场上，走微营销道路是潮流所指、大势所趋。

“世界500强”会受微营销影响吗？

有商家会产生这样的疑问：微营销所带来的变革对营销模式来说确实是巨大的冲击，这是否只是针对中小型企业？对那些如世界500强的大型企业来说恐怕就不是如此了吧？事实上并非如此。类似世界500强这种超级跨国企业，对市场变动的嗅觉总是无比敏感的，反而是最早一批认识到微营销威力和潜力的企业。像戴尔这样的大型企业，很多都在第一时间建立起了属于自己的企业微博、官方网站、移动销售平台、网络客服平台等，形成了一套属于自己的营销产业链，这是很多中小型企业一时间没有能力完成的。

据统计，截至2011年底，世界500强企业已经有近400家加入微营销的洪流中，纷纷在Twitter等主要社交平台建立了营销链。在中国的微营销也可谓是不遗余力，甚至一些企业由于不占据传统营销的主场优势，索性直接把主战场转移到了微博平台、移动网络平台上。

广大中小型企业根本不需要担心微营销发展不起来，因为全世界都在尝试在微营销中分一杯羹。在2012年初时，根据相关人员的统计，仅仅是新浪微博一家，就有54326家各类企业、1000多家媒体机构和5000多个公共团体进驻。在数以亿计粉丝的推动下，可以预见这些入驻的企业能够获得怎样的人气和名望！

在当今这个网络媒体不断完善发展的时代，**各大企业纷纷加入微营销的行列，并不只是单纯跟风和做无用的尝试，而是意识到了其背后潜藏的价值**。

微营销是社会媒体化的产物，企业（不论是大是小）都可以在微营销的平台上进行品牌直销、产品及服务宣传、开发并创新产品、公布企业最新动态。

微营销最大的优势就是操作简便，流通性强，成本低廉，这是企业会选择其最主要的原因之一。中小型企业用于营销的成本可能是10～100万元，那诸如世界500强企业这样的巨头，每年仅在营销方面花掉的钱就可能达到数千万乃至数亿元。如果能省下这么一笔巨款，无论是将其投入到新产品的研发还是完善售后服务方面，都是一个性价比最合适的选择，对提升企业的品牌价值将只有好处。

改变并适应新式网络营销是社会化主流

在了解网络营销之前，有必要先了解什么是社会化媒体。

社会化媒体，指的是网民可以通过自己的评论、撰文等，传递信息供他人分享和交流意见，这种可以讨论、交流的网络技术，就叫做社会化媒体，也被称作社交媒体。而商家所熟知的微营销，就是社会化媒体的产物之一，其赖以生存和发展的基础也正是社会化媒体。

为什么说微营销是社会化媒体的产物?

随着社会化媒体的繁荣与发展，越来越多的商家认识到——为什么不把这一平台作为企业营销的推动力呢？有人的地方就有市场，有网络的地方就有信息的流通，由此，社会化媒体营销也就诞生了。

微营销作为社会化媒体营销的方式之一，具备最基本的特点，那就是它会利用社会化网络、在线社区、百科、博客等互联网交流平台来进行营销。

由于这些网络营销所能带来的便利非同凡响，越来越多的企业意识到社会化媒体营销已经成为了一种趋势——国外有Facebook和Twitter，国内有人人网（原校内网）、新浪微博、腾讯微博等。这些社交品牌都在深刻地改变着人们的生活，社交网络的时代已经来临了。

社会化媒体营销并不是一种简单的风尚或企业的营销手段的变革，而是一种由内而外的巨大变动，因为企业想要真正进入社会化营销，需要改变的不仅仅是固有的营销模式，还要对网络营销有一定的了解，才能在最短的时间内形成一套稳定的新型的营销模式，不至于走弯路。

企业该如何改变自身、适应营销的新模式呢?

第一、企业要给自身的社会化媒体营销做出精准的定位

这种定位不仅仅是针对企业自身的，还要针对市场及客户。企业在进入网络营销的同时，**对企业的品牌做一个准确的定位**，即“我们该卖什么”“我们该如何去卖”和“我们要树立一个怎样的形象”，这些在企业发展的初期是非常重要的。

对客户群要进行定位。企业要在社交网络上选择最适合自己的平台，如国内某企业主要经营青少年服饰、鞋类，人人网就是一个很好的选择，因为人人网主要针对的就是具有一定消费能力的学生群体。企业必须做到，客户群体在哪里，就将营销的主战场搬到哪里。

第二、企业在进军网络营销时，要制定全面的发展策略

有的企业认为，搞网络营销很简单，只要会在主要的社交平台上建立账号，偶尔发布产品新闻就可以了。而事实上远不止如此简单，企业要对可能涉及的各个环节进行详尽谋划，如账号矩阵的建立、内容的规划、宣传方法的规划、危机公关的建立以及互动反馈系统等前期准备工作，这些都需要投入不少的心血。只有把各方面规划完成，才能帮助企业在短时间内形成自己的一套网络营销机制。

第三、检测网络数据，积极反馈

商家制定出营销策略，不能仅仅是执行，还要根据时时效果，接受反馈并及时调整。如凡客诚品、戴尔中国等企业，都在网络上建立了非常完备的售前、售后服务机制，对客户的售前咨询、反馈意见进行及时解答。这样做的企业，不仅能够让网络营销系统更加完善，也能在无形间拉近与客户之间的距离。

以上三点并不是改变原有营销模式、适应新营销模式时要注意的全部事项，但是将这些做好，无疑会为企业在进军网络营销的道路上打下坚实的基础。改变原有营销模式，并不意味着企业必须完全放弃原有的模式，有能力的企业能够双管齐下的话，效果将会更好。

第二部分

下一个“微营销会占据未来十年”的论断

第4章　全面解读指尖利器

现今，关注微营销的商家不在少数，有很多知名的业内人士都下了判断——微营销在未来的十年内热度将持续上涨。甚至有人断言说：如果不能把握微营销的潮流，那么企业将在未来的十年内失去营销的话语权。

有这样一段话形象地形容了微博作为营销利器的威力：

“当一家企业的粉丝超过100人，那该企业微博就好像是一本内刊；超过1000人，企业就像是个布告栏；超过1万人，该企业就像一本杂志；超过10万人，企业的影响力像是一份都市报；超过1亿人，该企业的微博就是电视台了。”

由此可见，作为微营销的一种手段，单单是微博就已经能够拥有巨大的影响力了。更不用说在手机等其他移动平台上所能汇聚起的力量有多么可观。

不论是企业还是个人，只要忽略了这个平台，不重视社会化媒体营销的作用，那么就有可能失去竞争力。反之，如果能顺应时代潮流，把握微营销利器，就有可能拥有整个营销市场，拥有企业成功的未来。

某著名公司的总裁才发出无奈的感慨：“这是一场输不起的战争。”

新传媒网总裁王斌也预测：“未来两年，中国微博活跃用户有可能突破5亿，面对这样一个巨大的市场，几大门户的疯狂就可以理解。但是，面对微博的发展，他们需要不断创新，才能拥有持久的优势，未来谁的微博产品与服务更能吸引用户，谁就能获得市场与主导权。”

微营销的重要性，从这些大型企业的反应中就可见一斑了。本章中，将会详细地介绍微营销的优势所在，这样商家们也就能理解为什么各大企业挤破了头也要进军微营销了。

为什么奥巴马的粉丝多不过星巴克？

2008年美国总统大选之际，很多人发现，总统候选人之一——巴拉克·奥巴马在Twitter上注册了自己的个人账号。很快，该账号就被数以万计的粉丝关注，同时他们也惊喜地发现自己也被“奥巴马”关注了。

奥巴马在Twitter平台上的宣传可谓是不遗余力，在短短的时间内发布了近250条更新，内容包括了自己的政治理念和一些个人生活习惯、信仰等；而Twitter的众网友也没有让他失望，在网友的推动和支持下，奥巴马也顺利地当选了美国总统。

但是，细心的网友不难发现，尽管奥巴马在Twitter的粉丝有着400～500万人之多，但是其人气依旧不能与全球最大的咖啡连锁店——星巴克咖啡相提并论。

星巴克咖啡在Facebook上已经拥有超过2500万的粉丝数量，而且该数字正在以每天20000人的数目增长着。而星巴克咖啡在中国的人气也是奥巴马所不能比拟的，自从2010年5月14日，@星巴克中国在新浪微博注册认证以来，其粉丝数量截至今日也远超很多国内明星。

当然这是有原因的，原因如下：

原因一、两者的理念（或目的）不同

对奥巴马来说，他只是一个个体，其目的只是为了竞选总统成功用Twitter为其添砖加瓦，增加人望；而星巴克咖啡则不同，他们是要将在中国的营销阵地完全转移到微博平台。动机不同，付出的努力、实行效率和得到的结果就会不同。

原因二、依靠星巴克咖啡独特的营销手段

将“享受、休闲、崇尚知识”的这种独特格调传达给网民，而不是直接“卖咖啡”给人们。对星巴克来说，将企业文化做到最足，比起超高销量更有价值和意义。而这一点，也深深地体现在星巴克对互联网传播的独特理解——**企业有亲切感、亲和力，能够拉近与消费者直接的距离，是社会化营销的重要过程**。

原因三、营销的系统性

星巴克咖啡最为世界一流企业之一，每一项工作都投入了大量的人力物力，精心做到最好，哪怕是对成本相对较低的微营销也不例外。星巴克咖啡对微营销有着自己的一套完整的运作系统。以新浪微博@星巴克中国为例，他们在发微博时，会着重普及一些咖啡知识、宣扬生活理念，偶尔还有一些相关的星巴克活动。与此同时，还有相关的工作人员时刻注视网民动态，一旦出现问题需要反馈，他们会在第一时间予以解答。星巴克还重视网络销售服务，对消费者提出的售后问题，会迅速、耐心地做出解答，免除消费者的后顾之忧。这些环节层层相扣，共同构建了@星巴克中国的超高人气，也就是说，**当企业具有一个完善的操作团队时，微营销产业链才能形成**。

微营销“行”在哪里?

这么多企业选择微营销并不是没有理由的，更不是盲目跟风，而是微营销比起传统营销确实是有着无与伦比的优势。

无与伦比的优势如下：

优势一、即时性强

随着互联网、移动网络的发展，微营销从不显山不露水，走上了营销主流的舞台，最重要的原因就是它有着极强的即时性。很多人用随身携带的手机、平板电脑等就能够通过微博等平台，用文字、图片等发表自己的意见；企业做微营销也是如此，商家可以在第一时间在网上发布企业的最新动态，宣传新产品和服务，推广企业最新的优惠促销活动。这一点，比起经过审核后才能在电视、报纸上发表的广告要快捷很多。

优势二、成本低

这是微营销与传统营销相比最大的优势。在企业的传统营销链中，宣传、联系、公关、销售、统计、反馈、售后等环节，每一个都需要投入大量的人力与物力，所花费的成本更是占据了企业收入的绝大部分。微营销则巧妙地避开了大部分需要花费现金的环节，如宣传、联系客户等，通过网络平台就可以简单完成，一些微营销系统完善的企业，甚至可以直接通过互联网进行交易，而售后统计和反馈等步骤也很容易通过社会化媒体平台完成。不能忽视的是，网络还能帮助企业迅速地与客户取得联系，解决客户反馈的问题，实现第一时间解决售后问题。而这些除了投入人力进行操作之外，其他成本等于都由社会化媒体平台“垫付”了。

优势三、面向广大网民，具有广泛性

很多企业花费了很大的精力才能给自身的客户群进行准确定位，但在微营销平台上，这些完全可以忽略不计，因为网络营销面对的是全体网民。企业所发布的产品信息，会被有购买需要的网民迅速得知，通过转发、评论、个人发布等途径将信息传递给其他人，这样一来，根本不需要企业自身费力宣传，就能够找到适合其产品和服务的消费群体。

优势四、操作简便，周期短，无需复杂冗长的流程

商家转战微营销市场的时候，最大的感慨就是：比起以前省时省心多了。之前几乎全公司的员工都要参与到营销的环节中，而现在只需要极少数的专项人员，就能将微营销做得很好。仅仅是偶尔发布一条140字以内的微博，就能让企业的宣传做到无孔不入，比起之前的营销要策划、实施、反馈几乎全员参加实在方便太多了。让人才投身到企业新产品的研发中，专人专职，用一举两得形容再不为过了。

因为看得见优势，所以被应用

微营销的优势是看得见的，也正因为如此，才会被广大商家接受。而说到微营销的优势，就一定会提到三大特点，那就是“快、准、狠”。

“快、准、狠”具体说明：

特点一、“快”即微营销的时效性

无论是企业微博还是个人微博，都能够将自身的最新动态发布到网络上，供网民了解。例如，某公司即将在某市进行新产品发布会，活动前期在微博上发布一条信息，立刻就会有对其感兴趣的粉丝关注。微博所发布信息的时效性之强，内容既可以是几天后的，也可以是当天的，并不会耽误企业具体的活动准备和实施，更能够让关注该活动的消费者第一时间参与其中。**微营销的出现，就是要改变时间和地域的限制**。

特点二、“准”表现在微营销的精准性

与传统的营销方式不同，微营销是吸引消费者前来，而不是像无头苍蝇一样到处寻找消费者——只有对该企业感兴趣的用户才会去关注企业的微博。例如，某旅游爱好者想购买一些外出旅行用品，第一时间会主动查找一些户外旅游品牌的产品信息。因此，微营销的面向人群几乎都是企业产品的相关用户，精准性极强。这样免去了企业进行客户群定位的繁琐步骤。更让商家欣喜的是，微营销的好处远不止如此，**这种精准定位的用户，在使用过企业的产品或服务之后，如果产生了良好的反馈，就很容易成为该企业的忠实客户，即固定的消费群体**。

特点三、“狠”则包含了微营销的传播性、便捷性、节约性

微营销具有惊人的传播速度与传播范围。这种可以随时随地发布的信息，不仅方便快捷，传播状态更是不断变化，面向的范围也是无与伦比的。这样，也就使得微博、手机网络平台的信息能在短时间内形成“裂变式传播”，也就是一对多传播扩散，只要事件的影响力足够，该信息的传播速度将不断上升，直至覆盖全球。

在微博史上，创造微博传播最快速度的是中国红十字会。在中国红十字会微博开放的两天时间内，发布的微博加起来一共被转发超过10万次，评论更是超过20万条，直接或间接受到影响的用户接近一亿人次。此后每次地震、泥石流等自然灾害发生，中国红十字会受到的关注度无疑都是最高的。

微博发布便捷，操作简单，成本低廉，哪怕是一家中型企业的官方微博，也不需要太多的人手参与其中。一般来说，小型企业的网络营销体系只需1～3名员工就可以维持正常运转，中型企业则需要5～20人不等，而像星巴克、戴尔这样的大型企业，则需要至少50名员工同时在线，才能维护微营销平台的正常运作。当然，这只是一般情况，具体所需要投入的人力物力还要根据企业的自身情况决定。

同时，**微营销还具有互动性强的优势**。

在微博平台上，网民是构成营销的基础。值得注意的是，网民不仅仅是受众，他们还具有表达自己观点想法的能力和权利，通过与其他用户的交流，传递对于企业的看法和反馈。也正是因为用户同时具备这两种角色，也让互联网营销平台的交流更具互动性。这种互动性是企业可以利用的，企业要善于对目标用户进行舆论引导，从而树立其品牌的正面形象。同时，商家要注意的是，**企业不应该仅仅把社会化媒体当成一个宣传和销售的平台，而更应该注重与用户之间的交流，加强企业与客户的联系——这份联系往往能比直接营销带来更长久的利益**。

为“凡客诚品”代言的年轻人

作为引领时尚的一线品牌，“凡客诚品”受到当下年轻人的追捧，在寻找代言人这件事上慎之又慎，把代言人的位置留给受大众喜欢的年轻偶像。

从2007年10月开始，凡客诚品启动网上购物，一时间，大家把目光集中在这个新兴的销售方式及网站上，经过一段时间的努力，拥有了很多“粉丝”，在最初运营的短短10个月里，凡客诚品获得了好几家公司的多番投资。

凡客诚品是走平民化路线的，品牌并不定位高端，却因物美价廉受到热爱时尚、喜欢独特、乐于接受新鲜事物的年轻人喜爱。我们再来看看凡客诚品邀请的代言人都是80后的杰出代表，时尚、阳光、个性。

以下为凡客诚品邀请的年轻代言人：

韩寒成为2010年的凡客诚品代言人，这个1982年出生于上海的年轻人，是国内炙手可热的作家和场地赛车手，获得了多项大奖，还被美国《时代周刊》评为“全球最具影响力的100人”。韩寒身上的确具备80后的鲜明特征：叛逆、喜欢标新立异、只做感兴趣的事情。为他设计的广告语是：“爱网络，喜欢自由、晚睡晚起、喜欢夜间大排档、爱赛车，也爱29块钱的T恤，我不是什么旗手，也不是谁的代言，我是韩寒，我只代表我自己。我和你一样，我是凡客。”

继韩寒、王珞丹、黄晓明之后，李宇春在2011年冬天成为凡客诚品的新一代代言人。李宇春，2005年超级女声的冠军，可以说是票选出来的大众偶像，这也预示着普通人也可以在这个时代因为某些际遇而一炮走红。她身上具有青春活力、自信冷静、勇于表达、一直坚持自我风格的性格特征。就像她的代言词一样“生于1984，我们是凡客”。通过1984年的年代划分，把80后作为凡客的目标消费群体，因为李宇春及1984年前后出身的一代人，已经开始影响社会，成了社会主流人群，凡客希望得到他们的认同。

比起韩寒和李宇春，2013年凡客诚品花大价钱力邀2012年红遍全球的“鸟叔”做代言人，“鸟叔”的影响力并不局限于某一个国家，《江南Style》的火是世界性的，而且《江南Style》的攻势异常迅猛，这首歌发布于2012年7月，至2012年12月21日，《江南Style》成为互联网历史上第一个点击量超过10亿次的视频。这样的席卷速度可谓是迅雷不及掩耳之势，这也让“鸟叔”成为全球乐坛“快时尚”的代表。凡客诚品希望通过“鸟叔”的代言去吸引更多人的眼球，并传达自己的品牌理念。

多年苦心经营，如今的凡客诚品在品牌打造方面已经颇有成就，红极一时的“凡客体”成为当时的流行语被模仿和翻版，随着不同阶段的代言人的推出，的确让凡客诚品的品牌得到了衍生与传播。

看完了这些，商家是否也应该思考：**“凡客诚品”在选择代言人的时候，会考虑到客户群是否愿意接受。只有满足了大众的需求，产品才能受欢迎。那么，广大商家就应该学习这一理念，将营销变得更人性化。**

瞬间秒杀的smart汽车

淘宝网曾经在2010年做过一次震撼全体网民的促销活动——一元秒杀奔驰smart汽车！

2010年9月6日～9月30日，凡是参与该活动的用户，都有可能以1元的价格获得原价17.5万元的奔驰smart汽车一辆。

该活动实质上是奔驰smart借着网购的热潮及刚刚普及的团购的浪头，组织淘宝网的“时尚搭配”主题的秒杀和团购活动来提升smart品牌知名度。奔驰smart希望通过此次与淘宝合作的营销活动，提升smart品牌知名度，了解和接受smart品牌价值和品牌文化，喜爱smart汽车。smart的目标人群很明确，就是要锁定淘宝中有着高质量网购需求的人群，尤其是年轻人，才能起到本次营销的宣传效果。

图　一元秒杀的smart汽车截图

毫无疑问，此次营销作为早期互联网营销的手段之一，取得了非常大的成功，仅仅是看此活动受到的关注程度就不难发现——超过百万人次参与了此活动，单品原价17.5万元的205辆奔驰smart在三个小时内便被以13.5万元一辆的聚划算团购价抢购一空。

由此可见，奔驰smart不仅完成了营销任务，其想要展示“时尚休闲，享受生活”的理念也完全传达给了广大消费者。

从这一案例中，不难看出两点微营销所具备的社会化媒体营销特征，也正是这两大特征能够帮助企业获得用户的认可，实现企业品牌价值的建立以及长久持续获利。

首先，利用网络营销的广泛性，采用团购、秒杀等活动带动人气。人气、用户数量永远不是中国的互联网社交、交易平台所缺少的。庞大的用户基础，使得淘宝等这类的互联网交易平台能够得到极大的关注度。奔驰smart也正是借着网购的热潮，利用团购、秒杀活动带动人气。在我国这是首次将汽车这种高端、高价的产品直接摆放在电子商务平台进行贩卖，能够获得如此高的关注度也是顺理成章的。

其次，委托方与运营方通力实现网络合作，结合淘宝平台推出“时尚搭配”主题，实现双方共赢。这就要说到社会化媒体营销的互动性了。这种互动性指的不仅仅是企业和用户之间的，还有商家与商家直接的合作。这次营销活动突破之前传统营销模式，不仅要做活动，还要与淘宝的风格相协调统一，将汽车配饰、服装等周边产品与汽车本身结合起来——此次活动将奔驰smart打造成为时尚商品的代名词，从而能够借着活动的“东风”推广各种时尚搭配商品。而这种互动性也只有网络营销才能实现。更重要的是，**社会化媒体营销的便捷操作是传统营销模式无法望其项背的，也只有在网络交易平台才能做到如此方便简单、成本低廉**。

第三部分

微营销保卫战

第5章 首先选对主战场

企业在进军微营销时所要面临的第一道门槛就是选择合适的社会化媒体平台，也就是选择社交网络门户。能否通过这一道关卡可以说是企业成功转战微营销的关键，原因有三点：

原因一、每家企业都是针对客户具体需求生产自身特定产品的，提供自身服务的。虽说微营销能为企业定位客户群，但也只是定位具体的消费人群，如某商家寻求需要运动品牌服装的消费者，这一类消费者就属于具体人群，而他们所属于的模糊人群，则需要企业自己去寻找该人群的“聚居”平台。

原因二、社会化媒体营销战场复杂多变，要选择自己最适合的。国内各大门户网站竞争非常激烈，各大企业几乎已经全面占领了营销高地。建议商家在深入了解行情和同行业在某一平台所占的比例、发展程度等问题后再进入该平台。

原因三、不同的网络平台运营手段不同，操作难易程度也不同。如在新浪微博平台上企业只需要建立简单的账号，认证加盖，确认行业走向之后就可以投入运行了，后期只需要有专人进行维护，定期发布信息就可以了。而如果企业在腾讯开通了微博，除了上述操作外，还要注重建立关系网，因为腾讯微博是建立在QQ空间和朋友圈的基础之上的。庞大的关系网操作得当更能够带动营销产业链的形成。

与此同时，在选择营销主战场的时候，还要注意网站是否正规，是否需要企业认证，不能存在给他人仿冒、山寨的漏洞。同时，还要看该平台的运作规模、粉丝人数、运营风格等——如果一个网站的大多数网民抵制微营销，那么企业如果不能保证做到手段高超，最好还是敬而远之。

网络平台究竟是怎么一回事？

有的商家在转战社会化媒体营销之前，总是会踌躇不前，原因很简单，那就是他们根本不了解社会化营销，也不知道所谓的网络平台是怎么回事——毕竟，网络平台是他们今后的主战场，要是对战场都一知半解，以后还怎么发展？

通俗地说，网络平台就是网站，是互联网提供给人们交流、发表意见的地方。而人们所说的网络平台营销或在线营销（On-line Marketing），与社会化媒体营销的差别其实并不大，都是利用网站进行推广、销售产品或服务，建立品牌价值的营销手段。网络营销平台包括**搜索营销**、**竞价营销**、**关键词营销**、**数据库营销**，这四大环节相辅相成，共同构成网络用户可见的营销产业链。

从广义上讲，网络平台营销又可以被称为网上营销、在线营销、网路行销等。而这些名词都与网络有关，也就是说，网络平台营销就是**以互联网为基础开展的营销活动**，这与传统的营销模式截然不同。

了解了网络平台和网络平台营销的概念之后，就要了解如何才能做好它们了。**做好网络营销的关键，首先就是要理解其意义和目的**。片面地说，企业做网络营销的目的就是宣传和销售其产品或服务，但更重要的是要实现企业的价值。企业价值不仅是销售额的实现，而是综合其品牌价值、收益价值、潜力价值等因素进行评定的。

想要全方位地实现企业价值，就要充分认识互联网的营销环境。作为一种全新的营销环境，互联网具有许多传统营销所不具备的优势，但也存在很多缺陷和不足。企业要学会利用互联网平台及该平台所能提供的便利，为企业营销活动提供支持（宣传支持、人望支持、销售支持、统计支持、反馈支持等）。

想要在网络平台如鱼得水，就必须遵循网络平台的运作原则。

网络营销是以国际互联网络为基础的。互联网的数字化信息能够有效地帮助企业了解商场的最新动态，从而做出有利于企业的营销调整。企业必须时刻注意市场所发生的变化，**通过数据反馈（客户评分、销售预期值、销售实际数额等），评估企业价值，及时进行调整**。市场风云变幻，只有不断更新网络信息，才能不致落后。这就是网络平台的时效性原则，商家必须时刻遵守。

同网络媒体的交互性也是实现营销目标的一种辅助属性。几乎所有成功的微营销企业都是以客户为中心的，客户中心论适用性极广，尤其是在网民众多的网络平台上。

社会化媒体只是一种工具，网络化也只是大方向，只有真正做到与互联网用户交互，才能进一步实现企业价值。

选地到圈地

社会化媒体营销发展到了一定程度和一定规模，就会出现变革。这种变革并不是根本性的变化，而是形式、运营手段、运营范围等方面发生的变化。而这当中最明显的则是运营范围的变化。

企业，不论规模大小，在入驻网络平台之前，总是要选择适合自己的平台，这种现象被称作“营销选地”。

而在“选地”的过程中，一般企业只会选择一到两个平台作为主战场，虽然微营销不需要太多人力物力，但是如果范围太大也会出现一定问题。有些有能力的企业，则会开辟出多个网络平台作为战场，同时选择多个平台作为副战场。

营销选地的优势很明显，说明如下：

首先，营销选地确定的是商家的具体运营范围

这既是商家主动选择，也是网络平台在选择商家，非常明确。对企业通过自己寻找建立起的客户群体，企业很容易将其发展成为固定的消费人群，给企业带来长远的利益。

其次，营销选地操作相对简便

由于只需要在一两个网络平台进行运营，所以商家只需要投入少量的人力时刻监视网络舆情就可以了，在掌握了具体的操作办法，建立起了完整且成熟的微营销产业链之后，运营将会更加轻松。

但是随着营销选地的发展，很多商家发现，这种“选地”模式越来越不适应竞争日益激烈的网络平台营销市场了。如此之多的企业进入网络平台，使得每一个一线网络平台上的企业数量都是庞大的，而“选地”这种方式实在是过于被动。**“选地”只是企业在简单地进行市场操作，保持正常运转，竞争力却是不足的**。

于是，另外一种更为有力，也更为偏激的运营模式出现了，那就是网络平台营销的“圈地运动”。

例如，近些年百度频频进行“圈地营销”，他们利用收购中小型搜索引擎，同时包揽网络嵌入式广告，计划在未来的几年内垄断国内的搜索引擎营销市场；中国移动近期在农村实行的“村村通”工程，借此契机将所有乡村网络、移动电话用户连成一线，实现全国的“村级圈地”。

这些企业采用“跑马圈地”的模式，无疑是知晓圈地的好处，好处如下：

好处一、“圈地”有利于深入挖掘潜在消费者

将某网络平台划为自己的“领地”，企业就有更多机会对产品、服务进行全方位介绍，让消费者进一步了解企业的品牌价值和产品价值。

好处二、“圈地”能够节约成本，避免媒体浪费

开辟过多的战场或者选择平台不准确，都有可能造成时间和成本上的浪费，而“圈地营销”则是直接针对目标人群进行营销，这种模式减少了宣传的盲目性，节约了营销资源。

好处三、“圈地”的独特性更强，避免竞争对手效仿

在“选地”营销中，由于竞争者众多，企业的活动、宣传容易引起竞争者的模仿，影响自身的营销效果。“圈地”则是只和其固定范围内的消费者进行互动，竞争者即便想要效仿，也得不到该企业的客户群。

有优点就有缺点，**“圈地营销”最容易造成的就是过度营销**。如果某网络平台是一家独大，该企业就有可能对营销的隐蔽性、亲和性等视而不见，从而使宣传方式过于简单，销售方式直接而粗暴。时间一长就会让越来越多的用户感到厌恶，微营销的效果也就大打折扣了。

无论企业是在“选地”还是“圈地”的时候，都要注意规避其缺陷，充分发扬其优点，才能让企业立于不败之地。

“围观”的艺术

在中国，有一个很有意思的现象，也是绝大多数人都有的习惯，那就是围观。鲁迅先生笔下就写过，围观是中国人的劣根性之一——一有热闹就纷纷凑过去看，哪怕事不关己也乐此不疲。

但是把这一现象放到现在就不一定是坏事了，甚至有可能是非常棒的好事，尤其是在营销界内。

在传统的营销模式中，企业花费大价钱做宣传，无非就是想要吸引消费者来围观，因为在商家脑子里浮现的是，只有引来足够的人气，才能让产品卖得更好。毕竟，国内的消费人群就是这样一个观念——买涨不买跌，一旦某产品受到的关注度高，即便是持续涨价也会有人络绎不绝购买；反之，没有什么人关注的产品，就算是物美价廉，也没有多少人会带头购买。

围观这一现象在国外也很常见，国外的经济学家甚至给“营销围观”下了具体的定义。**营销围观就是指企业在做产品宣传及其附加的促销活动时，能够引来部分第一时间关注人群的注意或者购买，就能够使更多的顾客有欲望了解该产品的详细信息，从而产生购买欲。这种营销围观的扩散往往是裂变式的，人数会随着关注人数的上升而持续增加**。

在营销围观这一定义下，还引申出了网络营销围观，也就是网络围观现象，只不过在这里，受众从普通的消费者变成了互联网用户，商家的营销平台也从现实搬到了虚拟的网络平台上。利用这一现象，也成了商家做营销所要使用的主要手段之一。

综上所述，也就不难理解为什么很多知名的企业与企业家将围观上升为一种营销艺术了。

众多商家也给网络围观的形成总结出了几个必备的要素，缺一不可。

要素一、企业提供的产品、服务自身要过硬

这是围观营销的前提条件，如果产品的质量不过关，哪怕宣传投入再大，噱头再足，也都无法真正吸引消费者。例如，某牙刷企业做网络促销，宣称大降价，赠送超多礼品，举办抽奖活动，虽然前期会引来一些消费者猎奇购买，但是使用后发现牙刷并不好用，做工粗糙、掉毛等一系列不良反馈累积起来，再来购买该产品的消费者会少之甚少。

要素二、举办具有独特性的活动

商家只在网上做最普通的宣传促销，投入少则极难引起关注。要做就把活动做大，做不大就要做到新奇。

淘宝网在2012年11月11日曾做过一次空前的天猫商城全场五折的促销活动——双十一购物狂欢节。这次活动涉及家电、小电器、母婴用品、服饰、美妆等多领域，包括太平鸟、GXG等数百家国内外知名企业都参加了此次活动。这次促销无论从商品范围，还是降价力度，都是史无前例的。同时，淘宝还采用了全新的预购模式，也就是在11月11日之前，消费者可以通过预购缴纳少量的现金订购产品，并在11日当日付完剩余款项。这一系列的活动不仅范围大、力度强，而且形式独特，引来无数网民参与，当日成交金额高达数十亿元。

要素三、必须要有率先消费的群体

依旧以淘宝为例，很多细心的商家会发现，在淘宝上，同一商品按照销售量排序后，总是出现两个极端——一个销售量大的商户，往往单品销量能到成千上万；而销售量少的，一件商品都可能没有卖出去。产品都是一样的，价格相差也不大，为什么会出现这种情况？在于有没有出现“第一个吃螃蟹的人”！只有看到某商家曾经卖出相当数量的产品，并且有消费者的评论，其他消费者才会放心购买。对率先消费群体是可操控的，这也是为什么当下“刷钻”行业屡禁不止的重要原因之一。

这三大要素并不是围观营销的全部要素，却是最重要的三点，只有这三点齐聚的时候，商家才可能看到理想中的围观效果。

微信力VS威信力

如今，很多商家把目光集中在互联网营销上，微信就是其中之一，为什么那么多人青睐于它呢？就是因为微信可以带来你想象不到的威信力。不少人认为，微信可以帮助他们打广告，起到了良好的宣传作用；别人花钱宣传商品，而微信营销只需要花些流量就可以了。不仅可以把微信当做电子刊物，还可以作为一个公众账号，让很多人实现互动，推送给用户精选内容，让客户随时获取最新信息，等等。而这些都是传统广告无法取代的。

为什么要选择微信营销呢?

微信是国内使用人数最多的互联网应用软件之一，正因为它可以被客户端下载到手机中，所以普及率非常高。在我国，使用手机的人远远超过用电脑的人，这就是微信的最大优势之一。目前，我国有超过4亿多微信用户，预估到年底可以达到6亿。在这个群体中，绝大部分是年轻人，他们几乎是消费的主力军，**越来越多的商家选择微信营销的方式，是适应当代经济发展趋势的，如下表所示。**

优势一	在微信平台中，品牌信息可以一对一地发送给用户，产生“专享”感受，这是大众媒体无法达到的“境界”
优势二	信息量大，非常精准，实现百分百推送，用户会主动看
优势三	界面纯净度很高，不像其他界面跳出很多垃圾信息；而微信提供的信息，基本上是客户所需要的，不会产生不适感
优势四	发布信息和组织活动简单，不需要花费任何费用
优势五	多媒体营销顺应时代，新潮新颖
优势六	结合地理位置定位，微信营销可以玩出很多花样
优势七	微信营销让品牌商拥有更加明确的目标，与用户积极互动

可见，**微信营销有其他营销方式所没有的功能**，从这个角度说，在当前的环境下，这种方式还是很受欢迎，正因为使用的人很多，所以才具备威信力。

移动不仅改变生活

在微营销的发展中，最重要的终端并不是电脑，而是当今几乎人手一部的互联网手机。

互联网手机可以说是网络平台进化的产物。随着科技的发展，人们对手机功能的要求再也不是简单地拨打电话、发短信了，还要通过这小小的手机进行联网，看新闻、发表评论、进行社区交流等。

而商家的眼界显然不止于此。移动手机网络的出现，不仅极大地改变了人们的生活方式，对网络营销来说更是一次可遇不可求的变革。随着安卓智能系统的普及，并且效仿iTunes建立起安卓软件市场后，商家们发现，手机软件并不只是包含游戏、天气预报等，社交平台何尝不能如此？

由此，移动手机网络逐渐被重视起来，各大网络平台也将其战场开拓到手机上。随着新浪微博、拉手网、土豆网等平台意识到移动手机网络的重要性，于是纷纷建立起手机客户端，越来越多的网络平台被移植到了手机上。

看似小巧玲珑的手机，也因此具备了不亚于电脑的强大功能——只要能联网，就能发表评论和发布动态，就能做营销，这一点与网络平台营销是一样的。

移动手机网络之所以受到重视，因为它具有电脑终端所不具备的便利条件。

便利条件一、移动手机网络不会受到时间和空间的限制

网络营销的最终目的和传统营销一样，就是抢占市场份额。人们利用移动手机互联网，能够随时随地了解网络动态，这就打破了时间和空间的限制，从容地进行信息交换。商家利用这一点，使得营销脱离了时空限制，从而让交易无时无刻不在进行。这样一来，企业也有更多时间和空间进行营销，如淘宝、美团、拉手网等客户端，目前都实现了移动在线支付业务。

便利条件二、移动网络具有多样性

与互联网一样，现在的手机都有拍照、撰写博文的功能，不同的是，它们能够轻松地传输多种媒体的信息——文字、声音、图像等都可以通过手机轻轻地按键完成传输，比起电脑操作来说更为便利。这不仅是对普通手机用户来说，而且对营销人员来说同样如此，营销人员可以利用这些便利条件，简单地实现营销信息的交互和流通，操作简便，形式多样。

便利条件三、移动媒体的独立交互性

网络平台营销要展示商品的相关信息，提供图像和其他客户的评价等。客户往往会根据这些信息决定是否购买商品，这就需要一个互动与双向沟通的环节——商家要耐心展示商品的细节供用户参考。简单来说，就像是在现实中购物一样，货比三家，同时还要进行购买反馈。与电脑用户不同的是，手机用户作为一个独立的个体而存在，商家必须重视每一个个体的想法，进行产品测试，调查消费者的反馈意见并加以改进。

便利条件四、移动网络的成长性是无与伦比的

国内电脑网络平台的用户数量快速成长，但是这一速度依旧无法与手机网络用户的增长相比。平均来说，每个家庭至少会有一个电脑上网终端，但是一个三口之家往往会有超过两部的移动手机，从电脑和手机的价格比来看，购买手机的用户无疑比买电脑的用户多得多。同时，移动手机网络的使用者大部分是有购买力的年轻人，有着不可忽视的市场影响力，因此该市场不断被拓宽，成长迅速。

便利条件五、移动网络信息超前并且信息传播高效

并不是每个人时刻都与电脑亲密接触的，但是绝大多数人的状态却是手机不离手的。很多信息都是第一时间通过手机网络或者短信获知的。移动网络正因传播信息的速度总是领先于电脑终端，商家可以通过短信群发、移动网络平台宣传等形式，进行最新最快的营销。与此同时，移动手机网络具有高效性，每个手机用户虽是个体，但他们都有着属于自己的关系网，在商家眼里也就变成一个个移动的销售网络。商家一旦通知某用户最新的活动信息，那么该用户就很有可能将该信息传递给其他对该产品感兴趣的用户。自然而然，营销信息就被高效传播了。

因此，我们可以说：**移动网络平台改变的不仅是人们的生活，还是网络平台营销的一次深刻变革，更是微营销成长发展的重要进程。**

深不可测的电子商务

或许商家有决心进军微营销，也有信心学习和掌握微营销的特点和规律，但是他们会遇到继社会化媒体、网络平台之后的另一个难题，即电子商务。

目前的电子商务对商家甚至普通网民来说，并不是遥不可及的，也没有想象中那么晦涩难懂。电子商务总是伴随着互联网而生，无处不在——它就在我们的生活中。现如今的很多大学都开设了电子商务专业和电子商务课程，专门培养该类型的高素质人才。

电子商务是指通过使用互联网等工具进行的商务活动，这些工具有电视、电话、传真、电脑、电脑网络、移动网络等，其中最主要的就是电脑网络和移动网络，它们分别是网络营销和微营销的最主要媒介。

电子商务的范围很广，从某些方面来说，它是面向全球进行的商务贸易活动，可以小到一座城市，也可大到覆盖全球。

电子商务的运作流程也不复杂，最主要的运作手段就是使用电子工具进行商业活动，也被称作电子营销。电子商务与互联网等电子工具密不可分的，后者是前者的重要媒介和基础。商家可以利用电子商务，在公司内部分享商业信息，也可以在客户和合作伙伴之间建立起营销网络。可以说，电子商务就是运用数字信息技术，对企业的各项活动进行信息数字化、信息传递化的全流程。

电子商务的核心就是共享信息和网络营销。企业只要做好这两个环节，就不难实现电子商务体系的建立。了解了电子商务的构成，它对广大商家将不再如此“难解”。

电子商务也是商业活动的一种，以商业活动为主体。而互联网技术，则成为了电子商务在新时代生存和发展的基础。电子商务的手段，就是信息数字化和商务电子化。

而互联网电子商务的构成，就是以互联网为基础的，由第三方电子商务平台、平台管理者、平台内经营者共同构成的。

第三方电子商务平台与之前所说的网络营销平台差别不大，指一些社会化媒体网络平台，即网站。它是电子商务一切活动的战场。值得注意的是，企业在选择电子商务平台的时候，必须要注意该平台是否活跃，是否得到工商部门的经营许可，是否有运营执照等，必须要保证网站的正规运营。

平台管理者也就是网站的经营者，通过得到法律许可方可开办网站。如果企业想在网站建立起电子商务阵地，就必须要先得到该网站经营者的许可，并且由他们审核企业资格，并且加盖认证。在运用电子商务时，也要为相应的企业提供交易服务。

平台内经营者就是站内经营者，简单地说，就是各商家的驻站管理人员。这一人群是在电子商务交易平台上管理双方的交易、服务等活动的自然人、法人和其他组织。

了解了电子商务的特点，它将不再如此遥远。电子商务在互联网平台上具有很大的发展空间，商家必须掌握且加以利用的四大特点如下：

特点一、电子商务是时代的产物

这是不可逆转的趋势，消费者越来越重视购物体验和个性化购物方式，通过电子商务能够全方位地满足消费者的需求。

特点二、电子商务给交易双方提供广阔的交易环境

在电子商务运作中，用户不再受时间和空间的限制，消费者可以随时随地在网上进行交易，这也是印证电子商务是网络营销重要发展的证据之一。

特点三、电子商务市场无比广阔

电子商务面向全球，利用互联网这一利器，商家就能对全球的消费者展开营销，扩大客户范围，无限放大市场。

特点四、电子商务使得交易变得简单，降低成本

应运而生的电子商务，让商品流通的中间环节大大减少，免去了很多经销商从中扣利的环节，也把商家的店面租金、员工费用、宣传费用等降到了最低，节省海量开支，从而降低了商品流通和交易成本。

定位，从用户群开始

企业无论是在做传统营销还是网络平台营销的时候，都必须首先进行两大定位——**自身定位和用户群定位**。

在过去，企业进行自身定位最重要，明确自己生产什么、提供什么样的服务，才能迈出发展的第一步。但是，在现在，以市场为中心的环境背景下，则需要进行调整和转变。相对来说，市场的需求才是第一位的，而市场的需求也就是客户的需求——现在的企业不能想生产什么就生产什么，而是要主动迎合客户群的需求，什么卖得好、什么需求量大才去生产什么。

用户群的定位并不难理解，简单来说，可以根据客户的经济状况、所属职业、客户学历及文化水平、年龄段、婚配状况等条件进行划分，如下表所示。

条件分类	解读	举例说明
经济状况	可以将客户的收入从低到高划分为不同的层次，从而使企业了解自己的产品适合哪一个层次的客户选择，如将客户按月收入划分为2000元以下、2001～5000元、5001～10000元、10001元以上四个层级	某高档汽车品牌定位客户群肯定要选择第四个层次的客户
职业划分	常见的职业有办公室白领、国企员工、个体经营者、教师、学生、自由职业者等	某品牌学习机构定位客户群，学生群体无疑是最好的选择
学历层次	学历及文化水平绝对是影响客户消费理念的重要因素，因为不同文化水平的客户会选择购买不同的产品的频率，对商家的要求不尽相同	一般来说，初中以下学历的客户对产品或服务的要求一般是质量方面的高学历客户则要求企业的产品附加值高，对交易环境等因素要求较高

（续表）

条件分类	解读	举例说明
年龄段	不同年龄段的客户的消费理念差异性极大，也就是所谓的“消费代沟”	一般来说，年纪较大的消费者喜欢将金钱用在购买养生保健产品上，也喜欢购买收藏一些可升值的商品 年轻的消费者喜欢追求消费刺激，常购买一些消耗品、大额商品或者虚拟商品

因此，产生了定位用户群的两大原则——**主动性原则和精准性原则**。

有些商家在做微营销的时候，总认为消费者会自己主动找上门来，微营销精准定位的特点保证了客户群来源。但不能忽视的是，同行业并不是只有一家企业，如果不主动出击，有可能会眼睁睁地看着适合自己的客户群被竞争对手抢走。

客户群的定位必须精准，不能出现丝毫差错。不少商家寻找客户群的时候，只针对网络平台的选择，却不重视对于具体人群的选择。客户群定位模糊，标准定得高、大、全。这是一大禁忌。

综合分类因素，才能建立起精准定位。例如，某厨具品牌要做网络营销，在定位的时候不仅要考虑年龄段（25岁以下可以不用考虑），考虑客户的婚配状况（购买厨具的绝大多数是已婚人士），还要考虑客户职业（学生直接可以排除）等。

只有遵循了这两大原则，客户的定位才能尽可能地做到准确无误，商家也才能在微营销的市场上踏出坚实的第一步。

第6章　我们的工作就是传播价值

企业为什么要做微营销？或者说，为什么要做营销？

有的商家说是为了卖产品或者卖服务；有的商家说是要树立起企业良好的形象；还有的商家说是要做好宣传，至少要让消费者知道有自己这个企业的存在。

这些说法都不全面。这也是为什么很多企业在做传统营销乃至微营销的时候，总是会陷入误区，落入下乘。

想要真正了解营销，做好营销，就要从营销的目的说起。

企业的最终目的是获利，这一点是无论如何都不会改变的。也正是因为这点，我们可以将上述的这些目的都归结——实现企业的价值。

这个价值包括企业的产品价值、服务价值、品牌价值、员工价值、文化价值、形象价值等，也是企业想要获利的综合条件，只要这些价值能一一实现，企业想要获得应有的收获就不再是件难事。

而这些价值，都可以通过微营销来实现。企业在网络平台上，能够完全把握运营的规律和手段，建立起一套完整的运营体系，那么就很容易在与网络用户的互动中建立起企业的品牌价值，进而实现产品的销售，并且妥善对待消费者的售后反馈，帮助企业实现价值。

现在，对一些已经实现了其价值的企业来说，下一步更重要的事情则是传播价值。价值的传播有多种途径，更有利于企业价值的长久持续，所以近些年来被一些中高端企业所重视。

奔驰公司老总及Twitter董事长都曾在公开场合表示：我们的目标并不是赚钱，而是要实现企业价值，并且把这一价值理念传递给全世界。

传播口碑，让消费者为你做营销

前文已经简单介绍过营销界的“围观效应”，这种围观效应传递的信息自然是正面的，因此企业要树立的品牌价值也应是正面的。

我们在说企业价值的时候，谈论最多的肯定是企业的声誉，因为声誉的好坏是一家企业综合素质的体现——只有企业产品质量好、宣传效果好、客服效果好，才能共同构建良好的声誉。

客户的口碑就是声誉的一种。简单地说，口碑就是“口头上的称颂”。传统意义上的口碑主要是褒义的，但是随着营销的发展，口碑更多的成为一种双向名词。

和声誉一样，口碑也有好有坏。

好口碑能够很快在消费者中流传，由于多传播于亲戚、朋友、同事等关系人群中，因此传播速度快，具备很大的影响力。坏口碑同样传播速度快，“好事不出门，坏事传千里”，一旦企业之前建立起的良好口碑崩盘，就有一种“兵败如山倒，树倒猢狲散”的感觉。

因此“口碑传播”被大多商家所重视，广泛应用于营销推广中，尤其是在互联网技术日益发达的今天，一旦口碑价值被大力开发出来，商家完全可以在几乎没花太大心思宣传的情况下，就取得惊人的营销效果。

所以有人说，建立良好口碑，就等于是在让消费者为你做营销。

想要在微营销中建立起良好的口碑，就必须了解口碑的三大特征：

口碑特征一、口碑由消费者创造，而不是由商家创造

无论商家内部架构、制度规范、运作流程等多么完美，都不能作为其良好口碑的来源。更不必说商家在电视、报刊、网络等地方宣传自己有多好，这些都不能作为让消费者百分之百信任你的充分且必要条件。只有消费者纷纷竖起大拇指，对你的产品服务等表示肯定赞许，商家才是真正树立起了口碑。

口碑特征二、口碑的形成来自共识而非个例

口碑要经得起敲打，绝大多数人说你好，才是真的好。例如，某手机生产商生产的一批机型电池耗电量大，消费者纷纷投诉、评论反应该问题，加之该生产商处理问题拖延、低效，导致消费者反感、抱怨，形成对该品牌的负面口碑。

口碑特征三、口碑总是传颂于草根而不是高层

“众口铄金，积毁销骨”。人数最多、基数最大的群体无疑是草根消费者，他们可能购买力不是很强，重复购买率也较低，**但是每一个消费者都是与社会化媒体串联在一起的独立个体，他们也都有着自己发表意见、评论的权利，而这些草根消费者的评论汇聚起来，就成为了舆论的走向**。

商家想要建立良好的口碑，就必须把握住这三点特征，同时必须要注意建立口碑的几个主要途径：

途径一、企业本身的主要产品、服务必须过关

企业所提供的产品和服务的质量永远是第一位的，企业必须力保生产出质量优良的产品（只要也要合格），才能引起消费者探究的最基本兴趣，才能让企业口碑朝着好的方向发展。

途径二、适时举办推广活动

在企业的营销过程中，总是少不了各种各样的推广活动，微营销更是如此——便利而廉价的网络条件和宣传平台，就是最好的媒介。商家可以办的活动有优惠促销、消费者返利、以旧换新、新品宣传等，这些无疑都能拉近企业与消费者的关系，对建立口碑有着积极的作用。

途径三、商家必须建立良好的服务机制

做完宣传和销售工作不代表营销工作完成，后续工作还有担负起产品及服务的售后服务责任。很多消费者在选购同一款商品的时候，最重视的就是售后，如要购买一台液晶电视，一家提供保修三年的服务，另外一家则不提供保修服务，作为消费者的你会购买哪家的电视？答案显而易见。

也只有做好了这些，企业才能为建立良好的口碑打下坚实的基础——利用消费者的口碑做营销，永远是营销方法中的上上之选。

传播影响，强势不用多言

商家做微营销之前，必须要弄清楚自己要传播的是什么。

企业想要传播的无疑是企业的品牌价值、企业文化，从而加强其产品、服务的市场竞争力，提高市场占有率。而这些需要传播的东西，归结起来就是企业的影响力——影响力大，企业在同行业内的腰杆就挺得直，消费者购买率也就高，市场占有率自然也就提高了。这样影响巨大的企业只能用一个词来形容，那就是“强势”。

要传播影响，就要知道什么是传播，传播需要哪些必要条件和组成部分，怎样才能传播影响。

营销传播，顾名思义就是指利用公共关系（传统营销模式及微营销）和网络关系（特指网络营销和微营销）组织起市场的营销手段。这当中的重点就是“关系”二字，因为客户之间都有一定直接或间接的联系，商家和客户之间也存在联系，商家和供应商、销售商之间也存在内部联系，将这些联系都组织好了，就能构成营销传播的雏形。

商家可以利用营销传播这一公共关系手段，针对企业自身的产品或服务，进行市场调研、营销策划、传播等商业行为。同时，传播并不是单方面从企业角度出发，而是要为客户提供咨询意见，执行服务。这样的传播，能够有效提升企业的市场竞争力，从而取得更高的销售利润。

传播的范围非常广，这一点从制定企业营销战略的定位中就能够看出。企业在进行市场定位的时候，就需要传播的力量，在进行产品的研发和生产的时候，也必须通过传播手段了解市场需求，企业在上市、宣传、销售、售后服务等环节，更是需要传播这一手段全程参与。

传播的组成包括传播源、传播内容、传播对象和传播媒介四个部分。

传播源来自企业，也来自市场。企业可以根据市场调研，了解最新的市场动态，知道自己该生产什么、提供什么，从而将得到的信息转变为新的产品和新信息再次传播回市场，传播给消费者。在处理传播源的过程中，企业起到的作用更像是传播的中转站和加工厂，必须注意传播信息内容来源的真实性、准确性以及时效性，避免错误传播，以免造成负面影响。

传播内容必须有价值。传播内容是指企业传播的信息的具体内容，根据传播内容的不同，企业最终所获得的影响也自然不同。在审核、策划传播内容的时候，除了内容要客观真实之外，还必须具有一定的传播价值，以免让无效信息造成资源浪费。例如，某企业在微营销平台虽没有耗费什么成本，但传播无效、滞后甚至垃圾信息，直接造成关注者持续减少，导致企业的威信力下降。

传播对象具有多样性和互动性。传播对象就是受众，接受传播信息的人。在微营销中，传播对象就是企业微博的粉丝、移动营销的直接关系人群等。**这些受众不仅是信息的接收者，也是对信息的进一步加工者**。他们完全可以参与到传播当中。至于传播影响是好是坏，则要根据企业的传播内容和手段；而决定影响的关键就是消费者的信息反馈。

传播媒介是多样的。从传统营销中利用电视、报刊等媒体，到现代网络营销中的网络平台、移动手机网络平台，都属于传播媒介，商家可以利用这些媒介，传播自己的产品信息、经营理念等。值得一提的是，**企业所提供的产品和服务的质量，本身也是传播媒介的一种**，因为它们的质量好坏，能够直接被消费者体会以及分享。

传播是一个由浅入深的发展过程，实质上更是一个逐渐扩散影响力，被消费者接纳的过程，商家必须重视传播这一环节，只有这样才能让企业的影响力持续扩散，在同行业竞争中保持强势。

消费者因为“被在乎”所以更愿主动参与

在微营销的运作过程中，企业最希望得到的是较高的人气和关注度，但是很多商家不管在网络平台上多么活跃，粉丝始终超不过10000人，这是为什么呢？正如同微博上的“互粉”一样，关注是一个互动的过程，只有企业关注消费者、在乎消费者，才能被消费者所关注，从而乐于参与企业开展的活动，购买企业的产品。影响消费者做出选择的有很多因素，企业必须要全方位“在乎”消费者。

在乎客户的社会文化背景

网络营销与传统营销最大的不同之一，就是面向的时域不同。企业在做营销的时候就不能“一把抓”，因为不同的消费者对相同的营销内容有着不同的看法和态度，企业的传播对他们的影响也不尽相同。

不同层次的消费者在思想观念、道德、行为规范等方面都存在很大的差异，企业必须做到兼顾每位消费者的想法，在营销的过程中必须考虑他们的文化水平、消费水平、年龄段、宗教信仰等因素，做好客户分类。

相对实力较弱的企业，担心自己照顾不周，则可以缩小自己的营销范围——做错不如不做，以免给企业带来负面影响。戴尔电脑在这方面无疑就做得很好，他们将旗下所有客户分类，并且将自己的营销源也进行分类，针对不同客户分类营销，取得了非凡的效果。

在乎客户的心理感受和消费能力

客户的心理感受有两方面的内容。一方面购买力强的消费者，经常会对某些高档消耗品产生兴趣，这是消费自信的表现；反之，购买力较低的消费者会产生消费自卑，对商品精打细算、货比三家。**对这种情况，商家要加以区别对待，不能只照顾购买力高的人群，而是更应该注重低端消费者的看**

法，如此才能做到市场占有率的全面提升。另一方面，国内消费者易受传统购买观念的束缚，如“买涨不买跌”“花钱不如存钱”等，商家不仅要利用这一心理开发新活动，还要耐心引导消费者，让他们对企业的价值放心，付出购买行为。

在乎企业的售后服务

在做微营销的时候，有如此便利的网络可以利用，提供售后服务并不是件难事。安排员工守候在企业后台，专门为消费者解答问题，排忧解难，很容易博得消费者的好感。**有时候即便问题解决不了，但是商家的热心和努力都能给消费者留下一个好印象**。

互动让推广维护一步到位

在微营销的平台上，最让商家头疼的，就是在许多步骤上都要分派人手，分别负责企业在网络平台上的宣传、发布微博、售前咨询、疑难解答、产品销售、售后服务等环节，让企业大呼为难。

这与微营销的节约原则是相悖的。微营销节约的不只是现金，更是人力成本。感到压力大的企业是没能将微营销产业链整合到位，才会出现这样的情况。

企业的营销可以分为前期推广、中期销售和后期维护三大部分，本节重点介绍的就是这一前一后两大环节。

前期推广就是营销准备，是企业为自己的产品销售做铺垫。例如，微博营销前期推广包括建立企业微博账号、发布微博、宣传活动、介绍产品及服务这些环节。某企业在新浪微博发布微博，介绍企业最新产品，同时宣传一些购买的优惠活动，有兴趣的用户会通过直接评论、私信留言或者转发等咨询，这就需要企业设立专业人员针对这些问题加以解答，解除了消费者的后顾之忧后，才有可能形成购买。

后期维护包括企业账号维护、信息修改、统计产品及服务反馈、售后服务、总结改进等环节。在后期维护过程中，最重要的是要耐心地收集统计消费者的反馈意见，找到自身产品和服务的不足之处，从而加以改进。这就要求商家必须注重售后服务，安排员工与消费者接触，及时了解他们的反馈，积极主动地为他们解决问题，该维修的维修，该退换的退换，让消费者满意，这样才能让企业在下一阶段的营销中占据优势。

综上所述，如何整合这两大环节，节约企业的人力成本，才是商家亟须学习的。前期推广和后期维护这两者共通点有很多，最重要的就是二者都是互动式营销。

互动式营销在微营销中是最常见的营销方式，甚至可以说每个环节都少不了互动的存在：企业发微博，消费者可以看到并发表评论，消费者的咨询和反馈也是互动的一种。企业通过互动，赢得消费者的信任和好感，从而愿意购买产品。

互动的好处有很多，这也是商家不得不重视的原因。首先，互动能够有利于宣传企业的品牌价值、文化理念、产品信息，能让客户对其产生进一步了解。其次，在互动的过程中，信任感会无形建立起来，有了信任感才有可能购买。最后，就是互动能够成为双方沟通的桥梁，有了沟通，亲切感油然而生。

商家该怎样与消费者互动呢?

第一、商家要认识到网络平台不是企业的内网，而是面向广大网民

很多商家都把企业的微博账号当做内部发送消息的工具，但是他们没有意识到，公司的员工能看到，广大网民也能看到。互动不仅仅是方便自己使用的，而且是要为消费者服务的，商家必须通过这些网络平台为消费者解决切实的问题。

第二、安排人员轮班在线，解决售前咨询和售后服务

像腾讯、百合这些国内一线的网络平台，在一个省份招聘的员工一般只有十几到几十人人不等，企业不必专设人员，而是安排熟悉相关业务的员工轮班在线，随时为消费者解答，这样一来，既节省了人力资源，也不会耽误在第一时间与消费者进行互动。

第三，不敷衍，为消费者及时解决实际问题

有的商家为什么不能让消费者满意呢？因为他们总是用各种理由敷衍，一旦谈及退款之类的实际问题，避而不谈，这样的商家又怎么能与消费者进行有效的互动呢？所以，**企业必须关注消费者提出的实际问题，并且详细解答，才能博得好感，再购买率也就能提高了，推广和维护争取一步到位**。

第四部分

微博营销：140字蕴藏的财富

第7章 微载体里的商业乾坤

微营销的实质并不是要将原有的营销理念全部抛弃，而是将其进一步改进升华。微营销最大的好处就是能够付出最小的代价，达到最理想的营销效果。做得好的商家通过微营销的平台，能够尽可能地少花钱甚至不花钱，就将宣传和销售的效果做到最大化。

微博上，一条短短140字以内的短消息，就能无形间拉近与听众（即潜在客户）的距离，既能够向广大客户展示企业形象、最新动态和产品信息，也能树立起企业的良好形象，初步建立商家的信誉度——这么多好处而几乎没有成本，各位商家们，何乐而不为呢？

从Facebook说起

Facebook是一个国际化的社交网络服务网站，于2004年2月4日上线。它成立之初仅是一个哈佛大学内部使用的校园社交网络，但是发展到现在却成了世界上最大的社交网络平台。同时，Facebook也是美国排名第一的照片分享站点，每天平均上传的照片达到850万张。随着用户数量的增加，Facebook的覆盖领域不断拓宽——互联网搜索、在线支付、证券行业等，无不有其活跃的身影。

作为世界上最大的社交网络，Facebook的发展可以用“神速”形容：从2004年创办以来，仅仅用了数年时间，就成为拥有超过十亿活跃用户的超级门户网络平台。

这在我们看来是不可思议的，即便是其创始人马克·扎克伯格多么天赋异禀，也不可能将Facebook经营成这种规模。

Facebook能够快速发展，自然有着它的优势，优势如下：

优势一、Facebook的一些首创功能

在Facebook的众多功能当中，最引人瞩目的是它的几项社交功能，最新奇有趣、也是沟通效果最好的功能之一，就是“戳一下”功能。

Facebook给用户提供“戳一下（Poke）”功能，让用户可以随时“戳一下（Poke）”别人。Facebook在常见问题中的相关解释道：“Poke是你和朋友交互的一种方式。在设计这个功能时，我们认为提供这样一个没有明确目的的功能，其实挺酷的。用户们对Poke有各自不同的解释，我们也鼓励你提出属于你自己的解释。”而这个功能的目的，实际上是一个让用户引起其他用户的注意手段，类似我们常见的“@一下”。

这一首创无疑给沟通带来更大的便利，毕竟不是每个人都时刻守在电脑前，也不会随时掏出手机上网看消息，这一功能的提供无疑对消息传达的时间和空间限制不再那么明显。

对商家来说，这无疑给营销带来了便利。虽然企业不能将用户一一圈出，但是他们可以通过圈出少数用户——那些关系网较广、亟须接受该信息的用户——起到扩散式传播的效果。

优势二、Facebook有着类似发布微博的功能，即状态发布

状态发布，能够让用户向他的朋友和Facebook社区时刻展示他在哪里、做什么。正如我们常见的“某人在某地（某街区的某餐厅等）正在做什么”这一格式一样，Facebook也让用户填入这类状态，让他的亲朋好友能够随时注意到他在做什么。

商家可以利用这一点，将营销的隐蔽性效果达到最佳——**这种嵌入型的营销，最能够让消费者所接受**。以某明星在某餐馆用餐为例，通过发布这一信息，在微博列表中就能让改明星的广大粉丝看见，从而产生“我也想去试试”的想法。

这些年来，Facebook通过社区的用户群和广告商（也就是做微营销的企业），建立起了强大的品牌效应，对广大网络用户的生活和在线消费产生了巨大的影响力，也在企业的网络营销中掀起一股股热潮。

满足大众“言论自由”的关键需求

微营销的魅力所在，就是让广大的消费者有了一个可以表达自己观点的平台，这对商家和网络用户来说，的确是一个好消息。

对商家来说，他们可以通过用户的反馈和咨询，了解当前市场的需求是什么，自己该生产什么样的商品。例如，为了能够从销售势头强劲的童装行业杀出一条差异化道路，某服装公司可以通过与用户的沟通获悉消费者需要什么类型的童装，设定明确的年度或季度经营目标。

对网络用户而言，这种可以发表看法的权利，让他们尽情地在网上寻找自己喜爱的商家——能满足他们需求的，就是好商家。而消费者可以通过自己的评价与沟通，与商家接触，从而获取这种需求被满足的感受。

这种就叫做网络言论自由。网络平台的建立，则是言论自由的最好载体，而网络同样作为微营销的载体，就可见微营销和言论自由二者具有怎样密切的关系了。

言论自由在微营销的体现可以分为两大部分，即评论自由和宣传自由。

第一部分、评论自由

评论自由指的是互联网用户拥有对企业的产品、服务、品牌、文化、制度、营销等各方面进行评价的权利。用户通过评价商家，可以与商家进行进一步交流，从而获取更加详细的企业信息和产品信息，并且根据这些信息做出最客观的评价。同时，这种评价不仅出现在售前咨询中，还体现在售后反馈中，售后消费者的反馈对企业来说非常重要，也是消费者言论自由的另外一种体现，因为绝大部分消费者会相对公正地反馈产品的真实信息。

第二部分、宣传自由

宣传自由是言论自由的另外一种体现。根据这一权利，消费者享有为企业正面宣传的权利，也有传达负面宣传的权利。至于是正是负，就要看企业提供的产品质量、售后服务等是否能够得到消费者的认可。而**对满意的消费经历，消费者是从来不会吝惜自己的宣传能力的**，他们会向自己的亲朋好友介绍这次成功的经历，宣传该企业及其产品，无形中这就起到企业想要的营销宣传效果了。

由此可见，言论自由对互联网用户来说是多么重要，企业在营销时应当注意满足网民的这一关键需求。

企业在做微营销的时候必须注意双向交流——网民愿意看企业发布的信息，企业也要允许网民对自己进行评价。在淘宝网上，有的消费者感觉买到的东西与商品信息不符合，就会给商家差评，这时候商家急了，又是打电话又是发短信，请求消费者修改评价，这是没有处理好售前服务的表现。

因此，商家在营销之前，必须与消费者进行有效沟通，**最关键的是要保证产品质量**，才能让消费者的“言论自由权”朝着对企业有利的方向发展。

集万千宠爱于一身

微博营销作为微营销的中流砥柱，具有非常火爆的人气，我们时常可以在某名人的微博中看见微博营销的影子，各大企业也都纷纷建立起自己的官方微博……那么，微博到底有哪些地方吸引商家呢？

微博营销是指通过微博平台（国内知名的有新浪、腾讯等）为商家或个人创造价值的一种营销方式。微博营销最注重的是价值的传递和内容的互动，也正是因为这两点的存在，才使得微博火热发展，并且营销效果显著。

微博营销如此疯狂，不管是企业还是消费者，都逐渐爱上了这种营销、购买方式，甚至可以说是“集万千宠爱于一身”，这自然是有其形成和发展原因的，原因如下：

原因一、微博营销以人为本

以客户为中心的理论在哪里都是正确的，尤其是放到客户群无比庞大的网络平台上。微博营销属于主动式服务营销，非常看重对客户的服务。微博营销的人本理念，也让微博营销在朝着人性化、精准化不断发展完善。

原因二、微博营销注重互动和情感的建立

企业可以与消费者进行互动，并逐步建立情感关系。这种感情关系看似薄弱，但在很多时候往往是促成购买行为的关键所在。贴心的互动，可以让消费者有更好的消费体验，从而形成满意的消费经历，这种满意的消费反馈，能让企业的品牌价值进一步确立。

这是客户如此青睐微博营销的主要原因，而企业之所以那么热衷做微博营销，也正是因为它能给企业带来无法拒绝的好处，好处如下：

好处一、微博营销有利于有效实现品牌建立和价值的传播

无论是企业建立官方微博还是邀请名人为其代言宣传，都能够促使企业的知名度上升，如果传递的价值是正面的，能让企业品牌价值不断加强。

好处二、能够树立行业影响力和号召力

企业的影响力是通过价值传播建立起来的，而微博营销是价值传播最有效的手段之一，传播企业的正面信息，传播企业的价值观给广大消费者，能引导行业良性发展。

好处三、有利于产品的市场推广

微博营销面向全球互联网用户，范围之广堪称所有营销手段之冠。企业可以通过这一平台，详细介绍企业产品信息，展现自身优势，这本身就是一种最好的市场推广方式，提高市场占有率也就不再如此困难。

好处四、微博营销是一种精准的互动营销

微博营销能够让企业的客户自己找上门来，如关注星巴克咖啡的粉丝，必然是其消费者和潜在消费者。这样一来，客户群的定位将会变得无比精准，完成客户转化成消费者这一过程也变得非常简单。

好处五、微博营销是一种主动客服

传统营销中，企业只是盲目地在做销售和宣传，不少销售人员提供的服务很多都是资源的浪费。而微博营销则不同，向企业的客服咨询产品信息的，一般是有很大概率成为真实消费者的人，所以微博营销服务的是真实有效的客户，极大地减少了人力资源的浪费。

好处六、微博营销能够确保危机公关

微博营销中，企业的官方微博一般都有专门人员随时在线维护，这也就实现了企业的口碑实时监测。

拥有如此众多的好处，微博营销怎么能不炙手可热？

明星效应引爆关注度

很多人只知道现实生活中有明星效应的存在，却不知道明星效应其实无处不在。

明星在电视上的一个简单的动作、一句简短的话，都有可能引发无数人的追捧、跟风和效仿。而在当下火爆的微博圈子内，明星效应更是被上演到了极致。

“微博女王姚晨”的新浪微博粉丝数量高达4000多万人，她的一言一行，都会被无数人关注；李宇春的一个简短的评论或留言，就有数十万人转发或回复；因“不是一个人在战斗”而走红的黄健翔，也被广大球迷和娱乐圈奉若神明；伊能静的爱心微博甚至比很多慈善机构的号召力都要巨大……

这些明星效应所引爆的关注度无疑是极为惊人的。营销者在惊讶于明星的这种“微博力量”的同时，也要敏锐地发现其中所蕴含的巨大商机。想要让企业真正与潮流接轨，步入微博营销的行列，就要从以下几个方面着手：

方面一、要了解什么是微博营销的明星效应

随着微博的火热发展，使得很多“微博名人”加入到营销当中，他们可以通过短短几行字的微博，从正面或侧面对商家进行褒贬，对商家的形象价值、产品价值等产生影响，营销效果显著。通过一些知名的微博平台、知名微博人物，为商家创造价值的一种新型营销方式，就是明星效应。这种价值，可以用于促进销售产品、服务，用于帮助企业升级改进营销模式，也可以用于提高企业的知名度。

方面二、要清楚微博营销最为注重的就是价值的传递

并不是说找了明星发发微博做广告就可以了，商家自己也应该全程参与这种价值传递。在微博平台上，商家可以通过微博内容的互动，通过这些互动给企业的消费对象进行准确定位。微博营销最重要的，就是明确自身所要实现的价值目标。只有找对了方向，在营销过程中才不容易出现偏离。

方面三、实现价值的手段同样重要

微博营销的途径有很多，利用微博营销中的明星效应只是其中之一。在利用明星效应的时候，微博营销涉及的范围很广，**商家要注意某明星是否成功认证、有效粉丝的数量、经常发布什么类型的话题、明星所使用的微博平台等因素，综合这些，才能选择适合自己的明星为企业“代言”**。

“微博女王姚晨”经常在自己的微博中记叙一些如冰棒、枕头之类的小商品，有时候也会介绍一些饭店等。这些话题虽然都会掺杂一些个人情感，但是依然会引起粉丝的好奇追捧以及怀疑。有的粉丝表示，连姚晨都用某品牌的产品，自己会去试用；而有的粉丝则持相反态度，认为这完全是嵌入式的微博营销，不仅商家可恨，明星个人也应该受到批评。两种声音争执不下，到后来姚晨本人也不得不发布微博表示，自己从未参与过任何微博营销，并且要求诋毁其“明码标价”的个人和商家负法律责任。

明星参与企业的营销，不仅成本低，而且传播速度快，操作简单，互动性强，能够在短时间内为企业攫取较高的知名度和企业价值；但相应地，如果企业在使用明星效应时操作不当，也会导致无法挽回的后果。

某一明星的微博明显是为了某商家打广告，次数多了，不但会引起该明星粉丝的反感，还会为宣传起到反效果，粉丝不仅不会成为消费者，甚至还会站在企业的对立面，无论对明星本人还是对企业来说，都不是他们所乐见的。

利用明星效应来引发关注，确实是一个好办法，但是也应当注意隐蔽性和适度性。

商家可以把自己的产品和服务，与明星的生活挂钩，内容要尽可能做到生动活泼，贴近明星性格，比较容易被粉丝接受。

总而言之，能够巧妙地利用明星效应引爆关注度，对商家来说，带给企业的推进力是无与伦比的。

企业：平易近人，不打官腔

除了个人和企业之外，我们经常看到某政府、某国有企业或者某行政机构发布微博，内容一般是非常正式的，用词也都是一些“官方”语言，内容涉及某某会议时间、地点、内容等。于是有的商家就有样学样，也把发布的微博信息做得非常正式，但是收到的却是超低人气。

企业微博与政府微博最大的区别就是目的不同。政府部门的微博如此正式是因为他们要给广大民众做出一些关于时事、民政方面的答复。企业做微博而是在做营销，要为企业得盈利谋发展，企业经营微博非但不能走官方路线，反而要走平易近人的“亲民”路线。

企业微博内容要坚决抵制回复“大而空”“打官腔”，因为这不是网民喜闻乐见的，他们想知道的是企业的具体信息、最新活动、产品的详细介绍，也想与企业建立畅通亲切的互动沟通过程。只有这样，消费者才能购买到想要的商品，才能打消购买的后顾之忧。

企业平易近人有很多好处，如下：

好处一、平易近人的企业微博能够拉近企业与消费者的距离

企业只有与用户近距离沟通，才能了解到用户需要什么类型的商品，企业才能为消费者提供，可以深入探究双方存在的问题并加以解决，这种良好的沟通，会给企业带来意想不到的收入。

好处二、可以建立良好的企业口碑

平易近人的企业，是消费者愿意接触和尝试了解的。在消费者与企业接触后会发现，原来这家企业与我们普通人也没有什么区别，也是有情感的。这就是微博营销给企业带来的拟人化效果，这种效果能在消费者中广泛形成良好的口碑，带来正面积极的影响。

好处三、平易近人更容易实现消费者的转化

在购买前期，消费者处于购买的观望阶段，企业首先在不厌其烦地介绍其产品、服务而使顾客产生亲切感之后，消费者就很容易产生购买的欲望，当时都会带有这样的心态“哪怕不知道企业的产品质量到底怎样，就算是冲着商家这么好的态度，我也要试试他们的产品”。

企业想要有亲切感，看起来并不是什么难事，可是说出来容易，做出来又是另一回事了。**企业该如何做到平易近人呢?**

方法一、与客户直接接触的是企业员工，要对员工进行专门培训

每位员工都是独立的个人，有着自己的情绪和性格，这就导致企业在安排员工提供线上服务的时候，对他们要有统一的要求。培训必不可少，学习待人接物，面对消费者咨询、疑问甚至刁难，做到不卑不亢，友好问候，如“您好，××企业客服为您服务，希望我能给您提供帮助”等，如此能给消费者留下一个好印象。在回复消费者的评论、留言时，要注意细节，留意问题的核心，耐心解答。在遇到自身解答不了的问题时，要及时向上级反馈，获悉解决方案之后立刻联系消费者。

方法二、微博内容要贴近生活

企业微博的内容不仅宣传企业活动、产品信息等，还要留出一部分空间塑造其人性化形象。如新浪微博上，@戴尔中国就经常发布一些生活小常识，提醒粉丝注意身体健康等，甚至有时提示用户开车时注意安全等，这些注重生活细节的微博内容，无形间拉近了与消费者之间的关系。

个人：见微知著，主动参与

很多网络用户对微博营销怀有抵触心理。毕竟，太多人厌烦了电视上反复出现的广告，厌烦了商家的鼓吹和宣传，更厌烦了自己崇拜的明星在微博上发一些嵌入式广告……这一切的厌烦，只因为用户们没有看到微博营销给作为消费者的我们带来的好处。

微博营销似乎都是企业在做的事情，但实际上不但与消费者有联系，而且与消费者的切身利益息息相关。

相关一、有营销的地方就有竞争

就拿新浪微博来说，大大小小数以万计的商家入驻进行微博营销，想想那竞争就不会少。如在个人电脑行业，戴尔发布一条官方微博，说购买个人电脑享受九折优惠；竞争对手联想一看到此消息，快速做出反应，紧接着发布一条微博开展“家电下乡”“以旧换新”活动。而这些竞争、降价是不需要花费什么宣传成本的，能让更多商家参与其中，价格也会随之调整，这对消费者来说无疑是利好消息。

相关二、互联网让沟通更便捷

消费者在网上购买商品时，只要关注企业微博，在第一时间了解到该品牌近期有什么优惠活动，了解自己想要的产品的一些详细信息。如果还存在什么疑问或者顾虑，可以选择在线咨询工作人员，方便快捷。

比起到店消费，在线支付更方便简单。网上可以交话费、水电费，更能在线购物，决定购买某产品后，直接在该商家的购买链接上进行在线支付，省心省力，省去了跑来跑去的时间和精力；使用支付宝、信用卡、一卡通等，就能买到自己想要的产品。

相关三、售后服务更有保障

很多人都有这样的经历：在买了一些家电类产品之后，得到的仅仅是商家的一句口头上的保修保证、一张保修卡和一张收据而已，等到真出了问题，再抱着电器去找商家，不仅费时费力，能不能解决问题更是两说。微博营销的售后则免去了这些烦恼，消费者可以直接联系商家的售后客服，得到他们第一时间的帮助。

网络用户该怎样参与微博营销?

主动担当营销的传播人。这一点并不需要用户刻意去做，只要正常与企业沟通、购买产品、反馈信息就可以了。用户在购买产品之后，对商家做出评价，而这一评价就是商家最想要的——你的评价高，会为商家起到宣传效果，传播影响他人；你的评价低或差，商家在了解情况后做出改进。总之，**对买卖双方来说，这种主动参与利大于弊**。

史上最贵的一条微博

2011年，广东省东莞市的一条企业微博在全国蹿红，该微博吸引了全国各大媒体争相报道。不为别的，就因为这条微博堪称“史上最贵微博”。

“发条微博，获奖10万元，创意10字内广告语，赢10万元大奖。”上好便利店在其官方微博上发布了这么一条活动信息。而这条微博由于其天价奖金，被人们称作一字万金也不为过。该微博一经发布就引起了广泛的关注，无数网友纷纷出谋划策，为企业创意广告语，仅仅数日时间，企业就接到了数以万计的创意。而这次微博营销，从奖金发放到微博运营，总花费不超过12万元，相比较以前的电视宣传已经算是小成本营销了。但效果却出奇好——微博粉丝数量从一个月前不到100人，暴增到近10万人，国内媒体也竞相报道。现在，“上好便利店”在微博上的粉丝已经有110882人，并且还在呈上升趋势。上好便利店的董事长周星轲甚至感慨道：“到现在我出去派一些名片时，还经常会听到别人提到去年的微博事件，很多人是认识这条微博，不认识我。”

这短短的十几个字，引爆了全国网友的热情，这条微博不仅使得上好便利店在东莞本土的地位更加稳固，也让上好便利店这一品牌在全国范围内打响，有效地进行了品牌传播，这条“史上最贵微博”则成为企业微博营销史上的著名案例之一。

上好便利店的成功营销，并不仅仅借助巨额奖金这一噱头，而是他们真心在做微博营销，将其优势完全发挥了出来。

上好便利店倡导员工全部参与微博营销。上好便利店制定了微博管理办法，要求企业自身“加强微博营销力度，深度去管理微博”。这不仅作为企业的奋斗目标，而且成为每位员工必须履行的工作职责，微博将直接与员工的绩效挂钩——为了鼓励员工参与微博营销，企业设立“微博绩效”考核每位员工为“品牌微博宣传活跃度”所做的工作。企业要求全国“上好”

系统每个部门的每位员工开通腾讯微博或新浪微博，员工每天必须上线转发和评论公司的微博，同时担任企业的在线服务人员，为消费者解决售前售后问题。

上好便利店的成功营销是值得商家们深思的。他们在很早之前就认识到微博营销的重要性和潜力，义无反顾地将营销重心转移到了网络平台上，这种决心是要做微博营销的企业需要学习的——**既然做，就不能是半吊子，必须要与传统营销一样，同制度挂钩，才能起到最好的效果**。

微博营销作为一个新生的营销手段，正在不断发展和完善，**这就需要企业有专人维护其官方微博，定期更新内容，注意内容的合理性，并且要有一定引人入胜的噱头。这样一来，就会形成品牌价值，让更多的消费者通过这一品牌价值了解到企业**。

第8章　玩转140字的技巧

玩微博容易，但想要将微营销玩得如鱼得水就没那么简单了。

从建立企业的官方微博说起，这是一个既精细又必须做到全面的过程。首先，在网络平台上注册自己的微博账号，经过相应的实名资质认证。上传企业的Logo作为头像，昵称使用企业的全称或简称，在注册过程中提供《个体工商户营业执照》或《企业法人营业执照》等有效证件。

每条微博都可以有着相当多的呈现形式，例如，文字、图片、动态图、短视频等。正是因为这些多种多样的应用配合短短的140字，传达无比丰富的信息，吸引更多粉丝前来关注。建议商家多花费些时间和心思揣摩并发表每一条微博，因为微博所表达的内容才是吸引消费者的关键因素。

技巧一：图文结合，文字也会说话

在使用微博众多的技巧中，最常见也是最直接有效的，就是图文结合的表现手法。

好处一、图文结合的微博能让人形成立体且具体的想象

经常能在明星的微博中看到类似的博文："今天去了一家不错的餐厅，推荐朋友们去试试看。"接下来附一张照片，涉及餐厅环境、装潢、菜品。看到这一微博的粉丝，不仅可以通过文字说明搜索该明星去了哪家餐厅，还会被照片上精致诱人的菜品吸引得蠢蠢欲动，增加了前去消费的可能性。

好处二、图文结合的微博丰富表达方式

雷达蚊香曾发过一条广告图，图为一只蚊子被一道来自雷达电蚊香液的闪电击中，头晕目眩，面露痛苦之色缓缓坠地。而图旁只是短短几句关于产品的介绍，并没有太多其蚊香液功效的文字描述。但网友一看到这图，结合蚊子痛苦的表情，就能了然该电蚊香液的强大驱蚊效果。图文结合生动形象，往往能让企业获得意想不到的营销效果。

使用图文结合要注意时宜，过于频繁反而容易招人反感。如果企业微博仅仅为了营销而营销，发的内容全部是产品图片，或者图片与文字内容毫无关联，都容易让网民对商家失去兴趣。

商家在做"图文结合"的时候，要注意以下几点：

第一、图文结合一定要紧密，不要出现二者无关的情况

很多企业微博的内容往往"挂羊头卖狗肉"，明明发的内容是提醒粉丝们注意交通安全，配图却是公司的某产品，粉丝看了博文刚刚被温暖了一下的心，立刻被浇了一盆凉水。企业获悉不少消费者想要了解其产品，这本是一件好事，而附上的产品照片，细细一读，发现文字内容与介绍产品毫无关联，这也会让消费者大为光火。

第二，文字和图片的内容要贴近生活

企业微博必须要切合实际，贴近生活，切忌大而空。商家发布的文字图片，最好要反应广大用户的需求，而不是自己想发什么就发什么，更不能一味地介绍企业的产品有多好、服务有多优。这些与消费者的生活工作并没有直接联系，很难引起他们的兴趣，更不用说能产生购买行为了。某汽车饰品公司完全可以如此发表微博："朋友们，有过开车时因为坐垫头枕总是跑偏而不舒服的经历吗？有过因为车前吊饰在眼前晃来晃去而有想把它一把扯掉的冲动吗？我们可以为你解决这些问题！我们公司下属品牌……"同时，附上产品真实的使用图片，既亲切，又能引起消费者的共鸣。

第三、发图不能过于频繁

如果企业微博的内容全都附带图片，消费者看多了之后，难免会审美疲劳，感到厌烦。有些可以是带有图片的长微博，有些则应该用短短的一两行无图的文字一笔带过。

技巧二：动起来，美图无需低调

有些商家过于热衷发图，导致不少客户颇有微词——上线就看到企业的产品图片，实在有些厌烦。但是，有些商家则走另一种极端，坚决不发图，只发文字。

大多数商家不敢发图的原因不外乎两种，一种是他们对产品、服务质量并不自信，不敢自揭短处；另外一种情况则更常见一些，过于传统保守，不愿意过多地进行自我展示，生怕消费者对自己产生“老王卖瓜，自卖自夸”的印象。

产品不过关的企业，只能用一些文字上的信息欺骗消费者，但这样的时间久了，自然会有消费者产生怀疑——其他企业都敢把产品图片发到微博上，为什么这家不敢？质疑声就会生起。思想保守的企业受到很多制约。有的商家处于保密，不能过多向消费者透露产品信息；有的商家还没有适应微博营销这一开放的模式，认为低调就好。还有一部分商家，没有认识到图文结合的重要性，明明手上攥有一流的产品和服务，觉得没有必要过多展示，他们坚信“好商品总会有人发现的”。

随着互联网的发展和完善，现在的市场早已不是闭门造车的时代了，依然怀揣“酒香不怕巷子深”这种观点，迟早会被市场淘汰。

有图才能有真相，图片是真实的反应。虽然现在的PS技术可以将很多图片修到极致，做到零缺陷，消费者明明知道图片被修过，但还是会被自己的第一感觉——视觉所欺骗。眼见为实，耳听为虚。消费者通过看到商家晒出的一张张产品“美图”，第一时间对商家产生认同感——至少该商家提供的产品并不逊色于其他企业。

低调在营销战场并不适用。往往只有主动出击，展示优势的企业，才能占领市场高地。低调发展在网络营销出现之前或许可行，但一旦进入微营销时代，再想低调也不行了，因为千万网路用户等着看企业亮出“绝活儿”——让人眼前一亮的产品。**通过比较两家实力相近的企业微博，发布内容是一样的，有没有图片，则显出竞争力的高低上下了**。

好商机必须尽快转变为营销。就像前文说的上好便利店的营销案例，不仅一字万金的文字能够做起噱头，一张照片也能起到同样的效果。而且比起文字的繁琐（有时营销信息不全，很难用语言表述），照片能将最新的营销信息传达给客户，不用多说什么，让消费者自己去理解，这就是第一时间将商机转变为营销的最好途径。

技巧三：说话方式决定微博效果

有的商家会问：为什么同做企业微博营销，可是我们做的效果比不上同行呢？明明企业的综合实力很接近，发布的微博内容也差不多，可就是没有他们的人气高、粉丝多。

在企业实力接近，发布微博内容、频率、方式等都类似的前提下，唯一能影响其受欢迎程度的，就是微博语言的艺术，简单地说，就是说话方式的不同。

很多微博营销做得很出色的企业，在给员工进行线上培训的时候，很大一部分重点放在了说话方式上，可见其重要性。企业微博内容能够引起粉丝共鸣，说话方式能博得他们好感，不用说也能预料到接下来的营销效果会有多么成功。而一个“不会说话”的企业，哪怕活动再吸引人、产品质量再好，都无法让粉丝产生半点好感。

说话方式恰到好处的优势有很多，如下：

优势一、企业通过引人好感的说话方式，与客户建立起良好的沟通

这种沟通可以是一对一（员工解决售前咨询、售后服务等），也可以是一对多（企业官方发布微博、转发、评论等），而这二者都需要恰到好处的说话方式，微博营销从良好沟通开始。

优势二、微博营销中，良好的说话方式能够拉近与顾客的距离

微博营销的一大好处，就是能将原本在客户心中神秘的企业拟人化，给企业赋予人的性格、情感等。如果商家能巧妙利用这点，就能让微博内容看起来像是出自企业之口，从而使消费者产生亲切感。

好处这么多，企业又该怎样努力，才能让其微博看起来“能说会道”呢？先解决企业在网络平台上是如何与消费者接触的这一问题。毫无疑问，与消费者对话的几乎都是企业员工，发布企业博文的也正是员工。企业微博的说话技巧、客服的语言语气，无不体现出他们的个人素质、性格特点，但是客户并不知道这些——他们只知道，他们看到的语言和词汇，都代表着企业的形象。不仅管理者要学习说话技巧，而且还要对员工进行专业培训。

说话时，必须做足礼节。**不论在什么场合，面对客户怎样的质疑和责难，一句"您好"在任何时候都必不可少**。礼节虽然不可少，但并不是要企业及员工一味迎合、奉承消费者——虽然也存在有些消费者故意刁难、威胁商家的情况。这种时候，商家面对恶意诋毁，就应该拿出自己的勇气，与其理论，**答复要做到不卑不亢**，也可以公开发布微博，发起舆论评价。

竭诚服务。哪怕身处虚拟的网络世界，同样缺少不了真诚。企业、员工必须要怀着一颗真诚的心，切实解决消费者的问题。**将心比心，企业做到了真诚，企业员工潜移默化受到正确的价值观和服务准则的影响，在说话技巧、方向上就不容易出现偏差**。

多用日常化、口头化用语。这种语言带来的亲切感，比起明星与普通粉丝交谈也不遑多让。

很多企业对这些恰如其分的说话方式没有引起足够重视，但是他们之后会发现：不会说话的企业，将在微博营销市场上毫无立足之地。而那些会说话的企业，无不是平台上的佼佼者。

技巧四：一点点儿心思成功逆袭

企业官方微博从建立到强大并不是一朝一夕的事情，尤其对广大中小型企业来说，他们没有那些一线企业早前在传统营销中建立起来的人望和品牌价值，不占优势的中小型企业更需要脚踏实地一步一步用心经营。

对中小型企业来说，最让人头疼的就是前期发展了。刚刚进驻某微博平台，粉丝必定数量不多，哪怕是像戴尔这样强势的品牌，在刚刚进驻新浪微博的时候，前几周也只有数万粉丝，而那些相对不知名的中小型企业只有几百名粉丝，还没有企业某员工个人粉丝多。

如果不是遇到可供炒作内容引爆粉丝注目，企业粉丝数量的增长永远是一个缓慢但持续增长的过程，商家心急，铤而走险恶性炒作——知名度是有了，关注度也有了，可惜没人会买你的产品。

心急吃不了热豆腐。中小型企业只有通过一点一点的努力，树立大局观，从细节出发，最终才能成功“逆袭”。而这样的例子也是不胜枚举，正因为这些企业掌握了“逆袭”的五大妙招：

妙招一、正确定位自己

企业不用妄想刚进驻微博平台就能取得火爆的人望，不要制定大而空的目标，要认清自己所处的位置，给自己制定一个短期目标、长期目标，例如，每个月通过做几次活动粉丝数量突破多少，一年粉丝数量达到多少，努力朝着目标前进。

妙招二、准确定位微博平台客户群

企业必须主动出击，在目标客户群经常出现的地方进行宣传，才能给自己带来更多的客户资源。

妙招三、坚持每天发布微博，哪怕目前没有人或极少人关注

坚持不懈是企业做微博营销的第一原则，即便企业进军微博营销的效果并不理想，粉丝数目也不多，但是只要坚持不懈，商家就会发现，粉丝还是会以可见的速度增长。

妙招四、注意调整自己的关注对象

企业也可以关注其他个人或团体，尤其在新浪微博、腾讯微博等一线网络平台中，“我关注的”这一选项，也可以被其他用户看到。**企业如果能够和一些知名微博ID（潜在客户群经常出没的地方）实现互粉，那么这种间接的关注无疑会持续上涨**。

妙招五、走亲民路线

无论是发布微博，还是企业做售前咨询、售后服务（这两点非常重要，即便关注的粉丝不多也必须坚持）的时候，请走亲民路线。亲民路线的好处无须赘述，拉近与消费者的距离，如果交流得当，个体用户有可能将企业推荐给其他圈中好友——经过这种裂变式传播，商家会惊喜地看到企业的关注度飞速上升。

第9章　讲故事　做营销

与大家分享一则有趣的小故事。

有个自称专治驼背的江湖郎中，在招牌上写着“无论你驼得像弓一样，还是像虾一样，又或像饭锅一样，经我治疗以后，立马妙手回春”。有个驼背的人信以为真，就跑去请他医治。他不给驼背开药方，之拿两块木板，让驼背趴在一块木板上，把另一块木板压在驼背的身上，然后用绳子绑紧。接着，自己便跳上板去，一顿乱踩。驼背连声呼救，他也不理会。结果，驼背总算给弄直了，可惜人也一命呜呼了。驼背的儿子找他打官司，江湖郎中却说：“我只管治好他驼背，哪能管他死活？”

这则小故事不仅是一个笑话，更是一个著名的营销故事，而作为营销故事，给企业很大的启示作用。

从这则故事中商家应该可以看出，消费者的需求和偏好是多种多样的，企业营销的目的是要找出解决客户问题的方法，生产出符合客户需求的产品，这样才能盈利，才是成功的营销。

一则简简单单的小故事，不仅吸引人们的目光，更是蕴含着深刻的道理。如果企业能够在微博营销中，将讲故事和做营销完美地结合起来，起到的妙用将是无穷的。

读懂微博营销“背后的故事”

经营企业微博不仅要按正常的流程，还要想到一些“背后的故事”，这些“故事”看起来与营销没有直接的关系，却是一家企业做好微博营销必不可少的环节。微博营销“背后的故事”有哪些呢？到底有什么地方值得企业的关注？

“背后的故事”其实可以分为两个类型，**一种是字面上的故事；另外一种则是“故事”背后隐藏的深意**。

企业可以在撰写微博时穿插一些小故事，**这些故事可以是摘抄的，也可以是自己编纂的**，这些故事都是能吸引粉丝眼球的利器。

方法一、积极与第三方平台合作

如在新浪微博中，企业不能搞恶性竞争，切忌发布消息刷屏；要与新浪编辑、网站管理等密切联系，展示与网站合作的诚意，争取在用户的登录界面、个人中心等网页界面，滚动播放企业的官方微博链接和动态。如能得到第三方平台的推荐，这是极大的助力。

方法二、主动参与微博营销

商家要尽可能地多做微博工作，与第三方平台取得联系，建立良好的关系，才能互利互赢。

方法三、注意细节和细节反馈

企业在发布营销故事的时候，不是发布成功就万事大吉了，还要注意粉丝的反应。如果反馈良好，则可以继续使用这一类型的故事；如果反应不佳，则应该去研究一下粉丝们到底喜欢看什么类型的故事，效仿沿用。故事内容不能涉及一些敏感词汇，避免过多的营销内容，故事、营销分别所占的比例最好是六四开或七三开。

方法四、合理利用营销小故事

这里的合理，指的是企业要在适当的情境下使用不同的故事。内容不同，风格也要不同。如某蚊香广告“妈妈，我想到月亮上去。”“为什么啊，宝贝？”“因为月亮上没有蚊子。”就非常符合其产品内容，可以作为微博故事使用。微博故事和营销内容紧密结合起来，才能让消费者看得懂，想要购买。

低成本故事投入获得高回报

一般来说，企业乐意用一些小故事吸引消费者的注意，这些小故事不需要企业费多大功夫就能在网上找到，或者自己编出来，却能够让企业的营销开一个好头，为之后的营销打好基础，获得更高的回报。

为什么微博小故事这么受到粉丝们的欢迎，以至于能够影响到他们的购买意愿?

原因一、以故事开头，可以避免开门见山，增加委婉性

有些企业的官方微博内容属于为了营销而服务的，也就是说，其发布、转发的内容，一般都是以介绍企业概况、宣传最新活动、促销企业产品和服务的。这样的企业微博，粉丝量一般都不会太多，就是因为他们太过开门见山——试想，消费者一刷新页面，就蹦出企业的广告，会觉得高兴吗？而更有技术含量的企业微博，懂得以一些故事作为开头，委婉了很多，不仅不需要什么成本，起到的效果也是前者不能比较的。

原因二、故事可以使营销生动形象，吸引粉丝的注意力

微博用户都知道，一则小故事的出现，会让原本盯着屏幕的人眼睛一亮，从而有兴趣将整条微博看完。看到最后，哪怕发现了这是一家企业在做营销，只要故事足够有趣、打动人，就很难对该企业产生反感心理，反而会把该企业留在自己的关注列表里，期待看到其下一个微博的内容。

原因三、隐蔽性强大，不易被认为是直接营销

发一则小故事，可以是虚构的，也可以是描述自身的经历的，要将粉丝的注意力从营销上支开，不能让消费者联想到是企业在委托明星做营销。

原因四、成本低廉

微博营销本就是低成本营销的代名词，发布的微博中带有小故事，不需要企业花钱，这些故事可以是摘抄、引用的，最好还是原创作品，才能让人眼前一亮，如果内容新颖独特，甚至能在微博上引起轰动效应。

企业在使用小故事做营销中，要注意以下两个事项：

注意一、故事种类

故事的种类有很多，如童话故事、笑话、爱情故事等，这些都是很好的题材。企业在使用的时候，可以根据营销的具体内容决定具体故事类型。值得一提的是，引用一些小动物的故事，不仅亲切感十足，而且万能，一般在什么环境背景下都能适用，还能与企业营销沾边，可以说是营销故事的“一招鲜”。同时，**避开一些敏感话题，与黄赌毒等不良信息有关的根本不要尝试涉足**。

注意二、故事注意实用，最好有内涵

企业微博要注重结合生活，展示亲和度，但不要忘记，企业微博最主要功能和目的就是做营销，为企业谋利，如果使用的故事没有实用性，也没有深刻的含义，让粉丝觉得无聊则是世界上最失败的微博了。

利用微博名人为你代言

微博平台上，很多明星都是“明码标价”的。为什么这么说呢？因为企业不仅认识到了用微博名人做营销能够带来的影响力，名人也意识到企业能给他们带来的好处和利益——自己动动手指就能赚钱，这不是一种双赢的最方便省事的方式吗？

还有专门为企业做营销的账号，被网民戏称为“营销号”。这些账号拥有大量粉丝，虽然有一部分是他们自己注册的“僵尸号”，但对企业来说，其巨大的粉丝基数是做广告、推产品的最好平台之一，企业也乐于与这样的“名人”合作。

企业利用微博名人做营销，自然有其优势所在，如下：

优势一、成本低廉

根据新浪微博官方统计，平均一个拥有60万有效粉丝的账号，帮一家企业发布一条营销广告的要价一般在150～300元；而一些微博名人代言，收费则是在数千元乃至数万元不等，“微博女王”姚晨微博营销代言一次，收费在6～8万元。虽然这在中小型企业看来仍是一个不小的数字，但是比起传统营销中的电视、报刊广告动辄数十万、上百万的代言费来说，这简直就是低成本营销。

优势二、无需企业出面，不易影响到企业形象

利用名人代言的另外一个好处就是企业不需要亲自出面做营销，官方微博依旧可以走原来的亲和路线，而营销的任务交给名人，不仅效果更好，也不会招致粉丝反感，因为粉丝关注的名人，一般都是他们在现实中尊重崇拜的对象，更能引发粉丝们的好奇心，继而关注企业的官方微博——无形中，企业冒很小的风险，就为自己争取到了海量的直接或间接粉丝。

请名人代言需要与企业的形象、文化、品牌高度匹配，不是发布什么内容都可以，有必须要坚持以下几个原则：

原则一、广泛撒网，重点捕鱼

所谓广泛撒网，是指企业不能只请一个名人代言，因为企业不熟悉其说话风格，也不知道其具体的粉丝情况。曾经就有企业遇到过请人代言，但是该“名人”麾下的近百万粉丝，几乎90%以上全是“僵尸粉”。企业最好要同时聘请3～5位微博名人进行代言，花不了太大的价格，从中选取营销效果最好的，然后将重心转移到该名人，使其成为企业的“御用”营销代言人是最理想的情况。

原则二、注意代言频率

一旦企业选中了某名人，就可以请该名人为企业做营销了。但是，切记不能让名人发布过多、连续的营销信息，否则即便做得再隐蔽，也会被粉丝们察觉。如果粉丝们总是看到该明星发布同一家企业信息的微博，迟早会产生心生质疑。因此，**企业找名人发布微博不能“滥”，而要“精”，往往一条优秀的代言微博，就能起到应有的效果了**。

原则三、选对企业主要客户群出没的微博

例如，某女性服饰企业一般都要选择一线女星代言，因为粉丝关注该女星，就是想了解她的生活方式，甚至模仿她的穿着打扮。企业若是能够选对明星，该明星所穿着的同款服饰销量必然暴增。

草根也有自己的力量

在微博发展的早期，就出现了“草根”这一名词，“草根微博”随之走红，哪怕发展到今天，“草根微博”依旧是人们重点关注的对象。如果企业在做营销的时候，能够利用这些草根微博带来的“草根效应”，起到的效果必定会超出想象。

商家在接触草根微博的时候，就要先弄明白，什么是草根，什么是草根微博。

“草根”等于平凡普通的同义词，代表普通人，而不是那些名人。草根们简单、低调，但是他们自信，一直坚信自己很优秀，认为在微博这一舞台上，自己并不会做得比名人逊色。而“草根微博”，就是指具有这种草根精神的网友们使用的微博账号。

近年来，草根们通过自己的努力，让草根微博逐渐占据了一席之地，有些账号的影响力甚至远超一些国内的一线明星。这些草根微博中优秀的有微博冷笑话、经典爆笑排行榜、我们爱讲冷笑话、假装在巴黎、冷笑话精选、微博经典语录等。这些账号在新浪微博上享有很高的人气，企业注意到他们，就是因为他们通过不拘一格的语言形式、表达方法，博得粉丝们的喜爱，不仅值得企业学习和借鉴，也是企业做微博营销必须亲近的对象。

这些草根账号的内容来源相当广泛。其中，草根大号的内容来源主要依靠以下三种手段：

第一种、翻译国外内容，发到微博上

这种方式不是原创，但通过寻找资源，精心翻译，并且付出了很多辛勤的劳动，国内粉丝由于极少看过，对此兴趣度高，此微博不容易被他人模仿。

第二种、摘抄引用，他人有什么好内容进行转发

这是在不涉及侵权前提下所采用的一种方式，把一些相关故事加以整合润色被用来作为自己的微博内容。

第三种、专题策划

这与企业的微博营销密不可分，企业可以给这些账号传达营销宣传任务，从而根据企业的品牌、产品等内容策划出一系列营销专题，如曾经红极一时的“杜甫很忙”“元芳你怎么看”等。

这些草根微博账号往往拥有海量粉丝，数量在百万级别以上。一部分是其自己注册的“僵尸粉”；另外一部分则是被吸引过来的活跃用户。**企业所要学习的是他们吸引粉丝、提高自身人气的方法，因为这些都是通用且一以贯之的**。

方法一、批量注册账号。这一手段虽然看起来没什么作用，也过于费时费力，但是却是网络推广经久不衰的方法。这种方法只需要在微博注册前期使用，给自己增加基础粉丝。就以“冷笑话精选”为例，其创始人尹光旭在前期先注册了多个微博“马甲”账号，平均每个账号关注5个其他用户，而这些被关注的用户总会有相当一部分反过来关注“马甲”账号，时间一长，当中就会有一部分账号拥有大量的关注者，从而给账号前期的人气奠定了基础。

方法二、在微博平台搞好关系，获得编辑的推荐。这是微博获得粉丝最重要的来源，有了编辑和管理者的推荐，在新用户注册版块、个人账号登录版块、个人微博首页等人们经常光顾的页面，就会出现其微博的简介和关注链接。像李开复、卢松松等明星人物，得到了推荐之后，就经常在新浪微博的IT名人堂里出现。企业也要学习这种做法，争取得到网站的认可和扶持。

方法三、这其实是一个不得不使用的无奈之举，那就是买卖粉丝。现在不少网站在做这门生意，有经验的人都知道，在微博私信、留言、评价中，都能频繁接到售卖粉丝的消息。甚至在淘宝上直接搜索，就能看到粉丝价格表。一般来说，这种价格不会太贵，一万个粉丝号只要十几元钱，十万个也只要上百元。这种方法之所以说是无奈之举，就是因为这些用户账号都是“僵尸号”，**这就决定了此方法只能用于前期给企业微博打下粉丝数量基础的，如果数量多了，自然会被粉丝识破（评论量、转发量与粉丝数量不成正比），反而不利于企业的长远营销**。

第五部分

微信营销：盛世享微言

第10章　弹指间新无限

利用微博更容易发现潜在客户，微博中，不少信息是潜在客户自己公开的，当你进入“首页”或是“搜索栏”，都会看到类似内容，特别是那些认证过的客户更为优质资源，因为他们提供了较为清晰和全面的信息。

想要寻找潜在客户有很多办法，例如，你在刷新首页或是别人互动时直接看到了客户有购买需求，或是通过微博搜索主动发现他们。

如果你是一家手机销售商，可以在微博的“搜索栏”中输入“买手机，哪一款”，然后很可能立刻就会看到那些有购买愿望的账号。可见，这是多么方便，当找到他们，你只要主动与他们交流并且设法争取过来。

想要发现新客户，必须注意多观察，毕竟不是每个客户都会有完善的资料系统，所以，要通过浏览信息的方式，更多发现潜在客户。

如今，争取客户的渠道越来越多，随着互联网和手机技术的发达，完全可以从微信、微博等新兴媒介获取财富信息，寻找客户的方式变了，技巧和原则也有变化，一成不变的模式只会让企业陷入僵局，不妨先和客户“套近乎”，渐渐地，便能知晓对方的需求，如果你可以适时推荐自己的产品，交易就完成了，从客户的角度说，这种方式快捷、便利，甚至能够给予他们优惠，既然可以实现双赢，何乐而不为呢？

即将突破6亿用户数的微信

目前微信用户已经突破4亿！人们在惊讶之余不得不面对更惊人的现实：自2011年1月21日发布第一个微信版本，期间耗时不到两年。

其实，微信的普及率一直保持很高水平，并且速度一直在加快，这个跨平台应用的优质软件，几乎可以被所有手机操作系统使用，极大方便了用户，由此说明，操作越便捷的产品，越能收到欢迎，微信中内容并不多，却可以满足用户对通信、信息发布、交友等需求，可见，越贴近生活的产品越受到欢迎。

微信不仅在国内大受关注，也吸引了海外体验者的注意，当客户觉得用着顺手的时候，产品会得到广泛运用。

在微信发布前，也出现过很多交流软件，但都没能“家喻户晓”，这款功能全面却不用花费很多流量的软件，不仅带给用户新鲜感，还带领他们进入“沟通心领域”，同时，随着用户数量的增长，企业还将获得更多利益。

为什么微信可以在短时间里获得大众一致好评呢？原因可以归结为以下几点：

原因一、微信做到了“精准定位”

作为该产品的“灵魂人物”，张小龙先生有十多年的互联网产品经验，他一直致力于用简单的规划构造复杂世界，对于微信的精准定位，成为其成功的首要条件，微信给谁用？他们的需求是什么？有无操作上的“习惯”，将各种问题都深思熟虑后的张小龙，才开始着手做。

原因二、懂得产品的内涵，甚至可以预计客户的感受

虽然外界对腾讯的评价是“一直在模仿”，但是它“从未被超越”，在模仿其他产品的时候，微信一直保持“本土化”，并且做到一定程度的创新，做好“投入”是微信得以发展的重要因素，在2.0版本发布前后，阅读空间项目组成员全部加入到微信团队来，至此，微信研发团队人数上升到200人，这么大的规模，是行业内较为少数的。

腾讯擅长的“微创新”对微信也做出了很大贡献，去年5月，拥有400万用户的微信出现“疲态”，面对这种情况，微信马上研发了“对讲机”和“邮件提醒”功能，随之而来的结果是用户数量激增。随后，微信又增加了“寻找附近好友”“摇一摇”和“漂流瓶”等功能，将陌生人的距离迅速拉近，微信的适用范围也越来越广。

实际上，创新就是对用户体验的极致追求，正因为腾讯公司一直把创新看成最重要环节，所以他们一定把微信创造得“很好用”，这也是广大用户的心声。

原因三、准确的风格定位

“互联网产品一定要简单。”这是张小龙的审美观，试想，如果一个产品用起来非常简单，而且涵盖了很丰富的内容，怎么会不受到用户青睐呢？

微信就是这样，看上去一点也不复杂，但是能满足年轻人的需要，让他们的生活更加丰富，帮助他们更方便地交友和通讯，这就是微信在两年内用于4亿多用户的“秘籍”。

分享功能扩大你的朋友圈

在互联网世界中，用户获取更多信息的渠道是通过不断添加好友，然后看他们分享的信息，形式多种多样：视频、文字、音频、图片等。人们通常的做法是，在看到有人分享了自己感兴趣的内容，就会去查看对方的资料，这可能是个无意间或是习惯性动作，但是在多次看到某个人分享了自己感兴趣的内容，就会考虑要加对方为“好友”，渐渐，交际圈就会扩大。

越来越多运营商看准这个功能，纷纷把目光投向“信息分享”，当“分享”按钮嵌入页面中，用户在看到网站中有感兴趣的东西后，就可以点击“分享”按钮，非常简单方便，你可以有选择地分享到新浪微博、人人网等平台，当“粉丝们”看到你的分享，就会到你的个人主页中查看内容，便增加了你的访问量。

你也可以在自己的公司网站中添加“分享”按钮，步骤非常简单：

步骤一、打开分享按钮进行页面设置。在地址栏中输入目标网站的链接方式。

步骤二、设置选择样式。可以是图标或是按钮等，图标的小大、是否显示分享数等信息都是可以设置的。

步骤三、再观察右边效果预览区，看看是否满意。

步骤四、如果以上工作都完成了，可以单击最下方的“获得代码”按钮，将代码复制到你的网站代码中。

现实生活中，我们必须先认识某个人，再了解对方的兴趣爱好，最终成为朋友，网络世界刚好相反，因为你无法找到对方，并与之面对面交流，所以必须通过分享的信息，看出对方的兴趣点。

当然，也可以形成一个组织，像“网购俱乐部”“驴友会议室”等，将类似信息放到一起，你发布的信息量越多，越能够吸引用户的眼球。

如今，出现了不少以分享信息为主的网站，“美丽说”就是其中之一，它先将网站内容进行分类，然后再把相关信息添加进去，在网站首页，用户可以看到分类字样：包包、饰品、衣服、鞋子……总之，用户想看什么都可以。

当用户看到中意的商品，一定会打开看看详情，还想找到商品出处，在网站没有写明出处的时候，用户会去关注其他用户留言，同时能看到他们的评价，此时，交际圈正在慢慢扩大。

互联网的信息传递功能和信息容量是我们无法想象的，如果能够利用好“分享”按钮，你就能得到想要的信息以及认识更多人。企业和个人的需求都会在互联网上展现出来，在信息交流的过程中，结识更多有共同兴趣和需求的人。从企业的角度说，能够为将来获得利益创造机会；从用户的角度说，可以在实现更优质网络生活体验的同时，实现在网上也能“货比三家”的愿望。

朋友多了，了解的信息量就很大，对企业和用户都有很大好处，当然，这一切都要从点击“分享”按钮开始。

一同参与互动营销无死角

既然是信息分享和交流软件，微博、微信等信息平台有一个非常重要的特点就是能够实现“互动”，所以才会有**“无互动，不微博”**的说法。然而，很多企业却因为受到传统观念的束缚，非常不适应微博上的互动，或者说不清楚该如何利用互联网与外界进行交流，继而失去了很多塑造品牌形象和赢得更多客户的机会。当营销出现“死角”，企业的利润就会打折扣。从某种意义上说，互动并不比发布原始信息更简单，也需要花费心思和动脑筋，才能让“互动”内容在打动人的前提下，显示出足够诚意。

人与人交往首先要有诚意，在网络营销中也一样，虽然买卖方式发生变化，但是内涵一样。在互动的过程中，对方可能会问你相关问题，不论多么麻烦都要耐心解决，在和用户的交流中，需要保持礼貌，并且给予对方专业、详细的解答，就像在实体店，客户向商家咨询问题的时候，都会获得耐心的解答。

“态度决定一切”。在互动的时候，要把真诚的一面展现在对方“面前”，即使没有一次性完成销售工作，也可以给对方留在良好的印象，优质的服务是赢得客户的重要环节，营销本身就侧重于品牌推广，只要品牌打响了，还担心会没有客户吗？

当然，互动也需要注重技巧，没有人会喜欢“死板”的交流方式，语气轻松明快，语言幽默诙谐，更能迎合客户的口味。幽默就像润滑剂，能够活跃紧张的气氛，虽然要求企业和用户交流的时候，具备专业性，但是说话太严肃会造成对方的反感。

VANCL粉丝团微博在看到某派出所用凡客体写微博时，做出以下评论：“人类已经阻止不了跳伞塔派出所了。”一句简单的话，气氛立刻活跃起来……

不论是谁，每天都要面对众多压力，如果连互动都是枯燥的，便很难调

动对方的情绪，互动的目的是为了让更多用户了解产品。市面上同类型产品很多，想要赢得客户，必须提升服务质量，让对方拥有愉快的购物体验，便可以在互动方面下功夫。

你是否看到了微博、微信等产品在互动方面的优势？销售人员向客户介绍商品的时候，无法表现出夸张的动作或是表情，如卖萌、亲吻、拍手或是拥抱等，而这些都可以通过网络表情体现出来，如果配上生动的文字，效果会更好。

商家会常推出优惠活动，可能会张贴在橱窗玻璃上，或是在门口立个牌子，让客户了解详情的渠道比较窄，如果在互联网上传播，速度就快多了。

例如，某蛋糕店在微博上注册了一个主页，定期发布优惠信息，并且给予少数人额外优惠：@朋友可以获得代金券、转发或是分享能够参与抽奖等。

作为互联网产品，其主要功能是将用户“聚集”到一起，人越多，就有利于商家发布产品信息，正因为网络的虚拟性，所以让用户了解产品，并对其产生信任的关键要素便是互动。

第11章　强大且难以复制的功能

说到通信软件，用户可能表现得不屑，因为他们潜意识里觉得，各类产品差别不大，使用哪一种都可以！这时候，品牌便失去了竞争力，微信之所以能够保持用户高速增长，很大原因是拥有强大且难以复制的功能。

很多软件都可以进行文字和语言对话，但是无法开启视频模式，或是开启视频模式需要耗费很多流量，微信刚好做到“扬长避短”，既把产品设计得非常简便，又涵盖了很多内容，更重要的是，用户仅需“一点点”流量，就可以做到沟通过无障碍。

不少沟通软件将用户局限在“认识的人”当中，而微信则给用户更多了解陌生人的机会，不仅可以选择对方的地理位置，还能找到同一时间里在线的人，也就是说，使用微信能在任何时候找到“说话的对象”。

正因为生活压力日益增加，大家就更希望过简单的生活，同时要满足自己的需求，微信用户在短时间里激增的另一个原因，就是添加好友非常方便。最初，它可以通过手机通讯录增加好友，对任何人来说，让熟人参与到这场互动中来，非常有意思，这就是微信用户发展的基础。

后来，又添加了“QQ好友”，这是强化关系的过程，即便大部分人可以互相加了好朋友的微信，腾讯依然觉得用户的“朋友圈”可以扩大，所以又增加了一些“找朋友”的方法。

我们回头看Facebook，它是一个强迫实名的社交网络，正因为添加好友需要进行一轮轮验证，所以用户数量无法和微信相比。

想要吸引用户，微信还有很多“妙招”，例如，通过“摇一摇”的方式，找到在同一时间做相同动作的人，证明对方也想找朋友；同时，投入“海中”的“漂流瓶”能够被很多人检到，用户的社交圈就能在短时间里扩大。

做到产品不被取代，就要使其拥有其他产品没有并且非常好用的功能，才会吸引用户的目光，当用户体验感增强，就会推荐给身边的人，用户数量的增加，带来的商机是无可限量的。

商业活动从此开始

互联网产品的诞生，不仅满足了人们沟通的需求，还为商家和客户搭建了信息分享的平台，让用户在最短时间里获得更多资讯，及时找到他们想要的产品，同时，还能获得一定程度的优惠，对于买卖双方来说，都是很好的。

任何企业想要扩大知名度，完全可以利用互联网资源。例如，很多企业将信息发布在微博上，并且公布经营状况和理念，通过多角度解读，牵引出与产品有关的信息，做到引起用户注意。因为互联网本身就存在虚拟性，会导致客户缺乏安全感，当商家详细说明企业情况后，便容易打消客户的疑虑，简单地讲，就是变无形为有形。

Zappos是美国最大的网络鞋店，它通过微博传播公司理念；同时，星巴克公司也加入了微博，并表示“星巴克更加关注人，而不是咖啡”，这样的理念让很多消费者接受从心底感觉温馨。不少管理者认为：互联网产品非常适合沟通。例如，微博很适合轻松的谈话氛围，对任何一个想参与谈话的品牌而言，都是很好的选择。

互联网产品可以促进企业新产品发布和推广，这就是很多企业在微博、微信等产品上进行先期推广的原因，用户只要动动手指，就能看到最新一季产品的咨询。**从商家的角度说，适当地在互联网产品上发布产品，并且通过创意十足的方式呈现在客户面前非常重要，这是增加对方兴趣的方式**。

有了关注产品的人，就要对其进行管理，可以根据用户的性别、年龄、工作、爱好等，将他们进行分类，不妨给他们“贴上标签”，定期给对方发送邮件。

微营销的高明之处，就是将产品的售前与售后工作全部“搬到”网上，如果是一家企业微博，肯定会有客户或是潜在客户向你咨询产品，这说明对方对此很感兴趣，为了留住客户的“兴趣”，不妨把原先存在与企业内部的客服部“搬到”网上来，这也是降低成本的方法，因为一个账号可以同时接待多个客户的咨询，这种交叉服务的方式，大大降低了人力。商家也可以把促销活动搬到互联网产品上来，因为这里存在很多潜在客户，不妨通过打折、抽奖或是派送试用装等活动，吸引他们的注意，不论在微博还是微信上发布此类信息，都只需要花费较少的成本，因为消息一出，用户们就会争相“转发”或是“分享”。

可见，商家完全可以把销售活动放到互联网上，虽然减少了与客户面对面交流的机会，但是却可以通过创意无限的活动和有趣的策划，令对方喜欢你的产品，为实现销售打下基础。

游戏竞赛吸引眼球

作为大众共享的信息平台，互联网产品能够以其独特的方式，将用户们组织起来，如果商家策划出丰富多彩的活动，对于产品本身来说，可以起到推广作用。

经常发布公益活动的消息会引来不少明星参与，正因为“公益”是全社会都很关注的活动，加之公众人物的助推，会获得很广泛的效应。同时，“公益”也是非常敏感的，所以在操作的过程中，要特别注意细节的处理，例如，消息简短明了、真实可靠、有条件的情况下要提供相关证明……总之，想要让用户都参与到活动中来，必须让他们建立起信任。

在互联网产品中添加促销活动也很必要的，某段时间，某女性门户网站就发布了一次促销活动，利用“造句体”的幽默性和智慧性，让更多人参与到活动中，**这也体现了互联网产品“短、平、快、碎、即、开”的基本特点**。

如今，网上有不少“五花八门”抽奖活动，在吸引用户的同时，也能变相给予对方一定优惠，抽奖的人越多，就会把消息传递给更多朋友。在进行抽奖活动的时候，方式和规则都必须清楚、严密，以便于整个活动在平稳的状态中有效进行，并且要注意奖品数量、中奖比例和活动的时间跨度等问题，以免引起用户的猜疑。

此外，竞赛活动在互联网产品中也很常见，其组织形式和竞赛方式与微博公益、促销活动很类似，但是还存在一些区别。

首先，要设计一份有创意的策划，组织竞赛的目的？要利用哪些题材？活动对象是哪些人……先将大范围定好，再进行详细地安排。

想要竞赛吸引人，就要以近期发生的事情为“主题”，例如，某品牌曾在情人节做过一次名为“默契大考验”的竞赛，将比赛时间定为情人节前一天（不影响情侣们当天出去庆祝），在规定时间里，参赛中通过网络回答主持人的问题，正确率最高者，将获得比赛礼品。而这个礼品，就是品牌旗下新产品。

其次，要注意活动的评分细则，既然是比赛，大家都盯着其是否公平，不妨把评分机制公布出来，并且**让用户监督，这也是让广大用户参与进来的有效方式**。

很多商家为如何选择评委而烦恼，其实，你完全可以将专业评委和大众评委结合起来，因为这并不是一次很正式的比赛，商家意在宣传品牌，所以既不能过于正式，也不能让比赛结果毫无根据。

还有，竞赛作品的评比也值得商家思考。虽然评比工作很繁琐，你也要尊重参赛者的辛勤劳动，本着“公平、公正、客观”的原则，认真审核参赛者的作品。如果量过大，不如先将它们分类，然后再讨论作品优秀与否。

比赛结束后，商家可以在征得选手同意的基础上，对比赛获奖名单及其作品进行公布，这也是向用户展示公司对比赛的重视程度，例如，清时明月官方微博就曾公布了其在“横店Cosplay英雄会平面大赛”中获奖的作品，一时间，引来很多人“围观”。

很多商家还会在“奖品递送”上下文章，如果你“默默无闻”地寄出了礼物，除了获奖者本人外，还有谁知道呢？不妨先告知获奖者：礼物会在3～7天发出，然后“故意”与他们核对地址或是其他个人信息等，这么“高调”是为了吸引其他用户注意。

无论游戏还是竞赛，都是为了吸引用户的关注，目的都是想让他们购买产品，所以任何动作都要围绕品牌进行，还需要在细节是上下功夫，也就是说，**用户每关注一个细节，都能被品牌影响力所感染**。

线下活动增加交流

很多企业将线下活动当成另一战场，把线下交流和线下活动结合起来，对巩固活动效果有很大作用。

组织线下活动仍然需要很明确的目标，意在传播企业形象，扩大品牌影响力，并把推广企业新研发的产品，还需要加强企业与客户的联系，而这一切都是在扩大本企业的知名度。

线下活动分为很多种：

- 把企业近期重要活动“呈现”在用户眼前
- 介绍新产品或是通过活动将试用装分发出去
- 通过线下活动组织客户进行交流分享和答谢会
- 企业所处领域的论坛或是聚会等
- 企业或是部门各类庆典
- 企业年会或是大型活动等

将线下活动看成在线活动的延伸，将其分成不同类别进行，例如，新浪微博将线下活动分为同城、线上和有奖活动三大类，统称活动指有具体时间和地点的“聚会”，可以组织很多人参加，让大家有面对面交流的机会。

虽然组织方式一样，但商家依然可以用不同形式呈现出来，值得一提的是，**越新颖的活动越受到大家的欢迎**，例如，举办座谈会、联欢会等，活动形式多样化是吸引客户参加的重要因素，有些人注重内容、有些人乐于享受活动带来的感觉、有些人比较随意……在活动经费允许的情况下，也可以考虑请名人到场，会增加活动的气氛。

除了谈话交流，组织者还需要在活动现场准备一些小礼品、试用装，也可以设计抽奖活动，对于参与者来说，都是带有极大吸引力的。

想要让活动发挥应有的效能，必须控制参与者的“背景”，例如，微博平台一般对发起活动的条件是有所规定的，如果发起非有奖活动，必须同时满足这些条件：上传清晰的个人头像、粉丝数量十人以上、发布微博数量超过5条、每天最多只能发起3个活动。

当然，有奖活动的“门槛”更高一些。这就“迫使”用户必须在线上“活动”，对商家来说，用户活动越频繁，越能够起到传播信息的作用。当然，主办方肯定要邀请客户参加，邀请的方式有很多种：在线上直接邀请、通过QQ、邮箱或MSN……商家可以根据实际情况，选择不同邀请模式。

虽然组织线下活动能够促进品牌推广，但是如果管理不好，也会存在问题。商家应当随时了解参加活动的人，还有活动准备和进行情况，以免途中出现问题，影响了整个活动进程。

值得一提的是，**商家不能忽略了对参与者身份的“认证”**，简单地说，要确定所以报名的人，都已经被安排妥当，以免出现人员遗漏的情况。

除了在线活动，线下活动也是吸引用户参与到企业活动中来的重要方式，正因为其特殊性，所以更需要主办方核实其身份，进行有效的活动管理，才能保证活动能够带给你预期效果。

第12章　玩转微信之菜鸟到骨灰级修炼

想要让微信成为传播企业信息的重要途径，首先要把自己从“菜鸟”练就成“骨灰级”玩家，把微信变成营销工具，不只是会发消息、发图片就可以的，还得掌握一定技巧：

技巧一、设计鲜明的头像。头像好比商店的“门面”，你得让客户在第一次看到它的时候，就产生深刻的印象，一般草根的头像都很有个性，有些则非常夸张，而企业头像必须稳重些，才能让客户“放心”。嘴常用的就是企业Logo，名称、商标、建筑物等，目的就是为了让客户一眼看出这是哪家企业。

技巧二、利用好“签名”。通过微信，你可以找到“附近的人”，用户可以查找自己所在地附近的微信用户，系统除了显示附近用户的名称外，还会显示对方的个性签名，商家为何不利用这个为企业做宣传呢？这简直是免费“广告牌”。

技巧三、二维码也是商机。如今，大家都在宣传自己的二维码，目的是推广自己的微信，正因为用户可以通过识别二维码身份来添加好友、关注企业朋友，所以商家可以通过设定自己的企业的二维码，来吸引用户关注，成功开启O2O的营销模式。

技巧四、开放平台。正因为微信是个开放的平台，所以应用开发者可以通过微信开放的接口，让第三方应用接入，还可以把应用的Logo放到微信的附件栏目中，目的是让微信用户方便地在会话中使用第三方应用，从而进行内容选择和分享。

技巧五、神奇的“漂流瓶”功能。这个功能涵盖了很多内容——扔瓶子，即用户可以选择把文字信息或是语音信息投入大海中，如果被其他用户捞起来，就可以展开对话。捡瓶子，即去海里把人家“丢”的瓶子捡起来。企业可以通过这种方式传播信息，虽然每天“扔瓶子”和“捡瓶子”的机会只有20次，但是你丢一个瓶子出去，可以同时被很多人捡到。

技巧六、写广告不如说广告。常常打字，用户也会觉得厌烦，使用视频又会耗费很多流量，既然如此，通过微信发送音频信息，是很多人的理想方式。

技巧七、使用微信公众平台。近期，微信开放了公众平台，真所谓“毫无门槛”可言，无论企业还是个人都可以用一个QQ账号，制造自己的微信公众号，并且在该平台上实现和特定群体的全方位互动。

利用好微信的交流功能，有利于你把企业信息传递给用户，当然，前提是你可以熟练操作微信。

漂来漂去的“漂流瓶”

使用微信的玩家都了解“漂流瓶”功能，你可以选择“扔瓶子”或是“捡瓶子”，关于前者，无论瓶子里装的是语音还是文字，都可以被扔到“海里”，并且在短时间里会被人捡起来，很多人惊奇地发现，当自己把瓶子扔出去后，可能同时会被若干人捡到，当然，很多人会回复你的瓶子。

作为企业“玩家”，你完全可以把企业或是产品信息“存入”瓶子里面，不过你无需担心会被“不需要”的人捡到而错失宝贵机会，虽然每天“扔瓶子”和“捡瓶子”的数量是有限的，因为当人们捡起瓶子并且了解了其中的内容后，可以选择回复或是再次扔进海中，给需要这些信息的人。

企业如何利用好“漂流瓶”，将信息传递出去呢?

第一、需要简短地表达想法，意在吸引潜在客户的注意力

每个漂流瓶都只分给你很少的时间与书写空间，所以在发表想法的时候，得做到简明扼要，既要说清楚企业的背景资料和经营项目，还得把联系方式留下来，这就考验了使用者的语言组织能力，当然，你不一定要说满一分钟或是把字打得满满的，内容越简要，客户越有兴趣看。在这个提倡“短平快”的沟通平台上，谁愿意听“长篇大论”？

例如，某企业在利用微信宣传新产品时，这样说到：“还在为送家人和朋友礼物而发愁吗？不如让我帮你解决这个难题，如果你愿意加我为好友，就能看到相册中各种富有创意的礼物，至于价格嘛，也是你满意的。”

在微信平台中，想要留住更多潜在客户，须利用好每一项资源，当然，最好不好表现出“希望对方购买的意愿”，而是要把最好的产品“呈现”在他们“眼前”，一旦潜在客户心动了，就会自己找上门，营销过程会变得更加有意义。

第二、通过“捡瓶子”的方式，找寻潜在客户

除了把企业的信息发布出去，商家也可以去寻找有需要的人，“漂流瓶”功能中，你每天可以捡到20个瓶子，也就是说，完全有机会寻找到潜在客户，这也是商家不能放弃的“机遇”。

当然，如何管理从“漂流瓶”功能中寻找来的客户也非常重要，对方或许会回应你的瓶子，但是不一定马上接受你的好友申请，所以要求商家抓住简单的攀谈机会，有些人害怕潜在客户流失，所以在对方回应他的瓶子之后，马上说出希望对方购买产品的想法，反而让客户觉得别扭，毫无新意可言，不妨先与对方建立起“亲密关系”，让他喜欢和你聊天，甚至可以说一些与产品无关的事情，总之，如果你没有激发起用户的足够兴趣，营销工作就很难进行，当他非常喜欢与你聊天的时候，再去申请加对方为好友，就会容易很多。

对商家而言，“漂流瓶”的出现，无疑是给他们提供了寻找潜在客户的另一机会，不妨利用好它，让瓶子帮你漂来更多财富。

查看附近的人，可以不用出门

当你走在大街上，即便身边有很多人，你都无法走上前去与之交流，而微信却能够克服这一点，在微信平台中，有一项“查看附近的人”，可以帮你在几秒钟之内找到那些正在使用微信的用户，很多商家问：“这有什么用呢？”

使用企业或店铺的名字，申请一个微信账户，写明详细的地理位置，当客户需要寻找相关信息的时候，头像就自动显现在他的手机里面了。例如，某酒店申请了一个微信账户，之后接待的客人显然更多，经理做了一个简单的调查，超过20%的客人都是通过微信中“查找附近的人”找到了这家店。

可见，当你选择了微信，并且能够好好利用的时候，商机也在悄然而至，但是，等着客户“上门”总不是最好办法，所以要在恰当的时间，把潜在客户聚集起来。

首先，看看“查找附近的人”当中，是否有固定存在的人，也可以将找到的人分类，这样便于管理。如果某些人固定出现在栏目中，说明他们可能在附近居住或是上班，对这些人，你可以主动找他们聊天，在沟通的过程中，将企业信息传递出去，因为这些在周围生活的人，可能对你的品牌还不熟悉，这是你主动出击的“好时机”。

对其他不经常在此栏目中出现的人，可以先把题目记录下来，然后查看出现的次数，再根据实际情况进行分类，如果遇到出现次数比较多的，也可以主动找他们交流。

其次，可以把“附近的人”聚集起来。到店铺聚会，或是找个合适的场所聚会。既然知道了周围有潜在客户，就要想办法将他们引向你的实体店，不妨用聚会的形式，既轻松明快，又能引起参与者的兴趣。

如果总是在微信平台聊天，对方可能永远也不会真正参与到品牌活动中来，所以要在时机成熟的时候，把用户聚集到一起，正因为大家都非常在乎这种真实的体验，所以，组织大家进行聚会非常有必要。

此外，商家还可以据此推出优惠活动。前段时间，某餐厅打出活动广告：门店已经开通了微信，将会在每天早上十点和下午四点，准时举行“查找最近客户”的活动，如果谁离门店最近，谁将额外获得一份甜品。

之后的几天，该门店一到饭点就引来很多客人，让路过的人觉得这家店人气火爆，加之本身菜肴就非常可口，门店生意蒸蒸日上。

那些从门店前经过，或是常年生活在周围的人，都是你的潜在客户，想要赢得他们的青睐，就看你用什么方式了。

扫神奇二维码，掌海纳百川信息

想要利用二维码为企业做宣传，首先要了解什么是二维码，它有哪些用途。**二维码是腾讯公司研发的，配合微信使用的查找与添加好友的新方式，既方便快捷，有能准确读出对方的信息内涵，所以受到很多人欢迎**。

二维码是由某种特定几何图案构成的，上面排列着黑白相间的图形，并按照一定规律呈现出来，用于记录数据符号信息。当你看到一个二维码，可以通过特定的扫描方式，得知对方的信息，可以是个人，也可以是商家。

实际上，企业完全可以利用二维码来获得更多信息，传统企业的运营方式极其单一，非常机械化，很多商家开始利用微信平台拓宽营销渠道，根据一份调查显示，在城市的一线商圈中，有超过一半的手机用户装有微信终端，因此，这是商家不能错过的良机。

由此，电子会员卡的产生，为传统企业创造了新的业务模式，通过利用二维码，充分将日常运营数据与具体工作结合起来，更好地利用运营数据。

二维码是对微信的消息融达能力的良好利用，因为高质量的关系链已经成为推动企业发展的不竭动力，有管理者说："用户在线下扫了二维码之后，都有可能成为企业的潜在客户。"

营销的目的是推广企业品牌，品牌就像商家的"名片"，传统思路中，名片都是呈现在客户眼前的东西，而在互联网日益发达的今天，商家完全可以将微信平台作为一种沟通的媒介，起到"桥梁"的作用，这这做法的效果远远超过分发名片带来的效应。

当商家申请了微信账后，紧接着就要在原来设计名片的基础上，再次添加企业的二维码图案，并且在旁边备注一下，这个账号代表哪个单位，别人就可以通过扫二维码添加你为好友了。

企业除了要关注自己的二维码，还得关注其他人的二维码，特别是你的重要客户，能够让对方产生被尊重的感觉。商家是少数，而"围观"的客户却有很多，试想，如果你是客户受到商家的“关注”，肯定会产生一种被重视的感觉，就好像自己是VIP，能够接受这种一对一的服务。

当然，让企业关注他们的客户，也是要花费一定时间的，不如在对方关注你之后，马上“扫一扫”对方的二维码，并且加对方为好友，也可以在这个过程中，写一点留言给他们，目的是让客户感受到商家的诚意。

小小的二维码，却涵盖了很丰富的内容，企业要以正确的方式，尽快令二维码呈现在客户面前。此时，问题出现了，如何让更多人了解企业的二维码呢？因为在使用微信的人当中，有一部分用户不会主动去扫企业的二维码，如今，二维码可以通过PC平台，被放到互联网或是QQ对话框中，这就方便多了，商家可以通过群发的方式，或者在其他互联网产品中发布企业的二维码，用户只要“扫一扫”就可以获得对方的信息了。

正因为二维码中涵盖了大量的内容，所以企业不仅可以让用户发现自己，还能借机寻找合作机会等，所以说，利用好微信的二维码，是商家吸引客户的另一个秘诀。

微信营销关键之一精：查找快了，更精确了

微营销关如今，越来越多的商家开始利用微信平台推广企业品牌，并且获得较好的利润，而这些都要归功于微信能够实现“精准”查找目标和快速读取信息，我们不妨来分析企业微信是如何做到“精准”的。

第一、企业微信平台从不骚扰用户，而是为他们提供服务

很多人讨厌传统广告的原因，是觉得它们在没有得到观众允许的情况下，将信息一股脑塞给他们，其中很多是客户不需要的，这就是一种“扰民”行为，把用户不需要的东西送给他们，反而会引起用户的反感。

而微信在这方面处理得非常好，因为公众账号是不会主动添加个人用户的，用户想要添加公众账户，必须使用手动方式，既然人家愿意添加你为好友，说明他肯定很中意这个企业，这就算不上骚扰了，一段时间后，如果用户觉得这个平台发布的东西不好，可以自行删除，不会再接收相关信息了。

第二、企业或是网店可以借助微信对客户实现“关心”，进行营销推广，从而实现扩宽品牌传播渠道的目的

“公众账号”的盛行，不仅满足了企业发布信息的需求，也让微信用户实现“掌中”信息库的愿景。

不过，想要利用微信公众平台进行营销的前提，是你获得了很多粉丝的关注，这便给企业带来了一个“前提式”的营销难题：如何推广公众账号。很多企业在面对大量用户的时候，会让异常兴奋的神经消耗掉大量理性细胞，出现了“眉毛胡子一把抓”的情况，反而忽略了潜在客户。企业需要用更多精力和成本进行客户背景分析，通过分类、维护和梳理工作。

初期，企业微信账号主要用于增加用户黏性，而不是急于把产品卖出去，不然会给用户造成一种错觉：这个账号就是向我推销产品的，而不是和我交朋友。不妨用富有创意和情感的宣传活动，将用户的目光都吸引过来，客户购买产品就是一个与商家互动的过程，可以分为以下步骤：

步骤一、商家和潜在客户分别找到了对方。

步骤二、商家提供的商品正好是客户所需要的。

步骤三、取得客户的信任，买卖成为顺其自然的事情。

而这些都要从精准挖掘客户开始——

使用QQ群挖掘用户：商家不妨通过企业自身行业属性，在QQ群众进行关键词检索，可以精准地找到潜在用户群。同时，QQ账号和微信账户互为联系，商家可以通过发送QQ邮件，好友邀请等方式，实现短时间里进行用户批量导入，这种方式存在很大可行性。

通过微博群、行业网站或是各大论坛用户导入：在这些平台上聚集的人，都存在共同属性，或是有共同爱好，对某个行业的产品存在很大兴趣，这些都可以从他们在互联网上的表现得出来。如果商家在这里进行公众账号的推广，精准度就能得到保证，并在短时间内取得很好的效果。

把传统介质和新型媒介结合起来：如今，很多人放弃了发宣传单、张贴海报、印刷名片等方式，商家完全可以把微信公众账号和二维码印刷在传统介质上，特别是在线下活动中，这是让用户开展直观体验的最好方法。

微信营销之所以能够成功，在于它可以准确定位需要的用户，并且牢牢把握他们，这是开创良好结果的第一步。

微信营销关键之二准：麻烦少了，方式多了

商家选择微营销的另一个原因，就是它能够准确定位你需要的东西，避免出现资源浪费的情况，当“麻烦少了”“方式多了”，企业才有更多精力搞好各种营销活动。当商家拥有了很多粉丝后，还需要做一些动作来巩固自己的粉丝数量。

第一、在恰当的时间发布信息

例如，早上8点，中午12点或晚上6点到8点间，是用户最有可能阅读信息的时候，不妨选择一个时间段，发一条信息，以免频繁发送消息而让用户反感。这就需要商家在了解用户习惯的基础上，进行管理，这就给前期准备工作提供了非常精确的方向：商家要了解关于用户的哪些内容？如何对用户进行管理和分类？

第二、内容必须“精耕细作”

公众账户上发布的信息，应当是客户需要的，可以涵盖包括生活服务、娱乐风尚等在内的很多行业信息，但是要注意，语言应当简炼，并且能充分表达想法。没有“营养”的内容和纯粹的广告，只会令用户反感，甚至他们会删掉这个公众账户。在满足用户需求的基础上，商家不妨用更新颖的形式将内容呈现出来。目前，不少商家的公众平台，还能实现二次开发的应用接入，令该平台更具有灵活性，他们运用文字、视频、音频等方式，将消息推送给用户，极大地满足了对方的好奇心，整个活动的趣味性也在增加。

第三、加强公众平台与用户互动非常重要，平台不是只用来发布消息，还要完成与用户的互动

不妨通过自动回复等方式，让这个平台更具有趣味性，也可以设置些有意思的问答题，让用户在轻松的范围中实现与商家的沟通。不要把微信公众平台看成非常严肃的媒介，这样无法令用户产生兴趣，大家都喜欢在轻松的氛围中享受一切，所以，商家可以多和用户“做游戏”，而不是把消息硬邦

邦地推给他们。

可见，微信公众平台一点都没“浪费”时间和资源，总是用最短而有效的方式，加深用户对企业的印象。当微信营销的“精”与“准”结合起来，才能在用户前面呈现出最完美的沟通平台，而在商家看来，这又是宝贵的商机，所以，要好好利用微信营销的特性，为企业扩宽销售渠道。

微信营销关键之三稳：成本低了，效率高了

正因为商家都非常看重“效率”和“利益”，所以越来越多的企业选择微信营销的方式，这种方式真的很“稳定”，能够让企业在低成本运营的状态下，还能实现高效率吗？不妨看看下面的分析：

第一、具备精益求精的内容

利用微信来进行营销，最看重内容与题材，如果内容不精彩，怎么能吸引用户的眼球呢？其实，设计一段引人注目的文字，或是来一段创意无限的视频，都可以在低成本的情况下完成，虽然不及商家举办的活动那样华丽，但是却能拉近人与人之间的距离，让用户在轻松愉快的气氛下享受商家提供的服务，并且最终实现销售。

第二、真诚地与粉丝进行交流

如今，营销活动中，客户越来越重视情感上的感受，他们不仅要购买产品，还得获得精神上的慰藉，在实体店的活动中，通常只能容纳部分人参加，并且要配备多名组织人员。即便是在日常销售活动中，每个店员也只能和一名客户交流。

而微信平台却能够克服这个缺点，商家可以同时为很多用户服务，并且同时将最新消息推送给广大用户，这正是节约成本的地方。当然，在和粉丝交流的过程中，要尽可能表现出真诚的态度，这是打动用户的最好方式，虽然大家并不在一起，但是却可以通过互联网，把双方联系在一起，为后面的销售工作打下基础。

第三、快乐营销是重点

在微信营销中，偶要特别注意客户的心理状态，商家首先要有端正而良好的心态，再将用户融入企业活动中来，其实，令对方快乐并不是个难事儿，只要注意语言的表达和图片、视频、音频效果的配合，就可以把用户带入轻松的氛围中。从这个角度来看，快乐营销并不需要花费很大成本，只需

要你可以玩转文字、图片等，只要有用户愿意与企业互动，就说明你的方式很成功。

第四、具备个性

这个时代，谁都讲求个性化，因为大家都不希望自己和别人是一样的，营销方式也不例外，越是新颖有趣的活动，越能够吸引用户的注意力。如果都是千篇一律的活动，凭什么要求用户参加你的呢？

只有做到与众不同，用户才会被吸引过来，很多人有这样的误区：觉得新颖有趣就是要花钱。实际并不是这样，平台是否具备个性，在于你如何利用身边的资源，同样一件事情，你可以从不同的角度看，个性便显现出来了。即便是一件普普通通的白色T恤，如果你用颜料在上面画出缤纷的图案，也是非常有个性的，不用花很高的成本，微信营销也是这样。

第五、最重要的是互动

如果互联网产品缺少互动，就会像一潭死水，要经常组织线上和线下活动，微信营销不像实体店，必须先租用场地、雇用相关人员、做广告等，作为互联网产品，微信可以在线上发布消息，并且用较低的成本，完成线上活动，对线下活动来说，需要相对较多的经费，但是比其他活动，就要节约很多了，同时会引起更广泛的效应，正因为客户参加活动也非常简单，所以他们更加愿意参加。

可见，微信营销带来的是“稳定”低成本和高效率，这是互联网特有的优势，对商家来说，如果能好好利用这个优势，必定会产生更多的经济效益。

第六部分

移动营销：不只推送消息，还传播一对一的商机

第13章　移动营销的前世今生

如果说微博、微信营销是如今微营销主战场的话，那移动营销就是微营销的核心和未来走向。

微营销，顾名思义，重点不在营销而在“微”。而人们使用的个人电脑显然是不能体现“微”这个字的，只有现在越来越普及的移动手机，才是小巧玲珑且百变多用的。

或许有人会对这种想法嗤之以鼻——手机能有什么用？不就是打电话、发短信吗？怎么能跟功能强大的电脑终端相比？

不然。随着移动网络的普及，每一部智能手机都具有上网浏览、发表评论、在线购买的功能，其强大之处是将手机“移动”这一优势与电脑互联网平台完美结合。毕竟，不是每人都时刻待在自电脑前的，而绝大多数人会随身携带手机，任何推送信息都是由手机第一时间接收的。更值得一提的是，现在越来越多的人，都选择下载App Store中的软件或是安卓市场的移动软件客户端，土豆、美团、淘宝、新浪微博等纷纷开放客户端，使得网络营销、微博营销、电子商务与移动营销紧密结合了起来。

更何况，谁说用手机打电话、发短信这两大基础功能不能被用做微营销了？即便是这两个如此简单的功能，也被商家想出了如短信群发、电话咨询等无数种营销方式。因此，商家不但不能看轻移动营销，反而要将其作为未来微营销发展潮流和方向以积极应对。

你适合做移动营销吗？

在许多人看来，“移动营销”这个词看起来并不陌生，联想到的无非是手机邮件、垃圾信息、信息诈骗等，这些似乎与日常生活中随处可见的广告不无关系，但这却又与人们印象中的广告存在差别。

移动营销，是利用手机或平板电脑等移动终端，通过移动2G、3G或WiFi网络环境向用户点对点地发送即时讯息，并和用户之间进行有效的信息互动和反馈交流，以达到信息推广和产品宣传的目的。除了拥有强大的数据库作为资源后盾外，还具有24小时实时不间断的信息网络服务，以此来达到“点对点，一对一”的传播效果。

移动营销还算是一个新兴的营销方式，是市场营销的派生，不过因其发展空间大，受众人数多，可利用资源丰富而潜力巨大，目前还在不断完善其理论体系。作为一个派生品，移动营销不得不遵循市场规律，市场营销的基本理论对其也相对适用，但这不意味着你懂得了市场营销，做起移动营销也会畅通无阻，这是解释不通的，毕竟这里融入了科技含量，你需要考虑更多的非理论性层面上的内容，如智能手机的普及程度，网络的覆盖面积，甚至是网络的传播速率这些硬件设施方面等问题。

想要成为移动营销行业中的一份子，得先看看自己是不是具备相应的从业素质，你要问问自己：“我适合做移动营销吗？”

自我检测之移动营销的大局观

暂且不说移动营销，只谈营销这一方面，你得掂量掂量自己的分量，有没有这个眼界和洞察力。如果单把视野定格在产品方面，顶多算是一个产品制造者，而非营销者。营销是个很宽泛的概念，囊括了许多理论性问题，需要做的就是把这些理论**形象化**、**具体化**、**生活化**。做移动营销，要拥有大局观。什么是大局观？就是站在高处，看看这个时代的受众喜爱什么，需要什么，以及公众接受的底线是什么。

世界著名营销大师唐·舒尔茨就在其著作《整合营销传播》中提到：**“整合营销是一个战略过程，它是指制定、优化、执行并评价协调的、可预测的、有说服力的品牌传播计划，这些活动的受众包括消费者、顾客、潜在顾客、内部和外部受众以及其他潜在的目标受众群体。”**

自我检测之营销的小创意

现阶段，移动营销还处于初期的发展阶段，并未有成熟的理论体系作为支撑，算是摸着石头过河。但上文已经分析过，如此潜力巨大的市场，摸着石头过河是值得的也是必然的。既然没有现成的理论可以使用，可以先参照营销理论开展大的方面，那小处着眼呢？自然要有可操作性，**这就说明移动营销方案不能只是诸如以往的群发短信，应该朝着增加受众反馈度的方向迈进**。这就要求方案设计要小处着眼，增加小创意，贴近受众，引起受众的注意并激发其对此进行反馈，**这也是移动营销的核心之处——互动**。缺少了互动的移动营销，就与其他的营销手段并无区别，发挥不了本身的优势。

简而言之，这“一大一小”的要求，决定了商家是否适合做移动营销，这也不是绝对的，也不存在什么绝对。只有一个放之四海皆准的方法，就是坚持，企业只要是下定做移动营销，就必须始终坚持，终将有所收获。

移动行业，改变正在发生

移动营销最大的特点在于将以往固定在一定媒介产品上的个性化即时讯息转移到了随时移动的人身上，而且随着移动设备功能不断丰富和强大，移动营销的产品信息的形式也在不断拓展，从最初简单的文字传播，逐渐升级为图文并举、声音信息，再到现在的手机视频、手机电视。这些信息不会因人的行踪的改变无法传送至受众手中，不论受众身在何处，只要能够接收到信号，就能够成为一个信息的接收者。

如今移动通信技术已从2G时代迈向3G时代，这种变化意味着移动网络将进入一个更广阔的领域。

什么是2G？什么是3G？

2G，指第二代移动通信技术。代表为GSM，以传输数字语音信号为核心，欧洲在1982年成立了GSM，目的是制定泛欧的移动通信漫游标准，它们在蜂窝移动通信方面做了大量的工作，通过对八个不同的实验方案进行反复论证，最终制定了泛欧洲的数字蜂窝移动通信系统，并以“GSM”命名。20世纪80年代中期以后，大规模使用集成电路，微型计算机投入市场，微处理器大量应用，这些都成为了开发移动信息系统的技术保障。GSM较之以往的通信技术而言，有容量大，频谱利用率高，通信质量好，业务种类多，易于加密以及用户设备小，成本低廉等特点，由此成为移动通信技术的新的里程碑，迅速成为移动通信技术的主流。

3G则是第三代移动通信技术。相对于其他数字手机而言，第三代手机一般指将无线通信和国际互联网等通信媒介结合的一种新兴通信手段，它比2G更便捷更迅速，提供传输包括网页浏览、电子商务和电话会议等多种形式的移动网络信息，这就是3G手机的强大之处，它可以毫无障碍地处理文字、声音、图片、视频等信息，传输速率大大提高，这正好适应了当今社会的快节奏生活，生活本身就是个争分夺秒的竞赛，也许速度将会成为生存的重要因素之一。

3G时代的到来，不仅提高了人们生活的便捷度，更为移动营销提供了广阔的发展舞台，让移动营销的畅通无阻有了技术保障，这样移动营销便可在新的时代大展拳脚，从而发挥出其优势，真正体现其作用。

商家应该意识到，时代一直在变，**企业与移动网络的发展几乎是同步的，**行业的竞争日趋激烈，移动营销的方式更是层出不穷。从2004年的超女短信投票开始，中国的移动营销时代正式到来：一场选秀节目，万人空巷，短信热潮一浪接一浪。2004年，超女的短信收入约1300万元；而2005年，这个数字就陡然涨到了3000万元，已经超过了同期的电视插播广告收入。2006年央视春节联欢晚会上的“赠台大熊猫”起名活动更是将网络营销发挥到了极致，一个晚上2亿多条竞名短信大PK，最终确定了大熊猫的名字分别为“团团”“圆圆”。

移动营销的潜力就在于此，**可以让受众进行有机互动，让受众真正以主人公的身份，感受“商家的一条短信，也能左右大局”的待遇**。

移动网站“商业简史”

移动网站被用于商业，其实还要早于微博的产生。而这看似并不成熟的营销手段，实际上已经发展超过了十个年头，拥有庞大的用户基础和坚实的技术支持，商家所要做到的，就是去开发这一块肥沃的土地而已。

本小节中，将详细介绍移动网站、移动应用的“商业简史”，了解了其形成与发展的过程和规律，商家才能坚定信心，做好移动营销。

移动网站商业史的五个阶段：

第一个阶段（2000～2003年），萌芽阶段。早在2000年，中国移动就推出了第一个封闭性网络“移动梦网”，主要提供移动增值产品的下载平台，这是最早期的官方移动互联门户。但是，由于网络终端基础设施、技术不健全，并没有得到很好的普及，所以这一时期也被称作“封闭化模式时代”，其中，代表的移动网络产品有：移动梦网、12530彩铃等。

第二个阶段（2004～2005年），移动互联网门户时代。在这一时期，移动互联网高速发展，其商业化也被一些有先见之明的商家发现，于是Free WAP门户陆续推出，一些运营商主导的增值业务也得到了飞速发展，但相比于其他商业模式，移动互联网领域得到的关注始终不够，投入也相对较少。在这一时期的代表移动网络产品有：UC浏览器、空中网、天下网、3G门户网等。

第三阶段（2006年），运营商重返移动门户网络的时代。电信运营商正是看到移动互联网市场的爆发性增长，潜力无限，于是开始发力，迅速布局、开发移动互联网市场。这一年，移动运营商加大了政策监管力度，也加快了行业市场盘整。也正是这些举措，使得大量互联网服务商进入市场，极大地带动了互联网和移动互联网的融合，移动门户的商业性质也更加强烈。因此，2006年也被称作移动网络的重要转折点。这一时期产生的移动产品有：飞信、MSN客户端、Opera浏览器、无线音乐俱乐部等。

第四阶段（2007～2009年），移动网络的产业布局年。在这一阶段中，移动网络取得了飞速的发展，这一速度是任何时期都比不上的，正是因为运营商的重视和产业调整、电信运营商进行的产业重组，使得无数服务商、企业、软件开发商进驻移动网络平台，移动互联网的内容、应用的类型开始规模化、丰富化起来。这三年中，最重要、最具标志性的是2009年，在当年，3G牌照发放，运营商纷纷推出自己的3G业务品牌，运营商、终端、服务商等都推出了应用下载平台，同时，苹果公司宣布iPhone的App Store成功入华，这些都标志着国内应用软件的不断细分和创新，所以2009年成为了“3G移动互联网元年”。这一时期的代表移动产品有：APP STORE、手机QQ、新浪微博客户端、移动应用商场（移动MM）等。

第五阶段（2010年至今），移动互联网应用爆发性增长阶段。在这一时期，UCWEB、网秦、3G门户等移动厂商纷纷融资成功，加快了市场的研发、拓宽步伐，这虽然让移动网络发展的前景日趋明朗，也使得移动互联网产业链各环节竞争日益加剧——应用服务商纷纷开始追求应用差异化创新路线。这一时期的代表移动产品有：盛大BAMBOOK、联想乐Phone、贝多国内位置服务等。

2000～2007年，国内的移动用户仅仅有数千万人，但是随着这些阶段的层层发展进步，**自2008年开始，移动用户的数量每年增长近1亿人次，到了2012年，国内手机用户达到了11.04亿，几乎人手一机，移动网络用户更是已经达到惊人的7.5亿，远远超过电脑网络用户**。也就是说，仅仅用了不到五年的时间，移动网络的商业发展就已经实现了质的飞跃，而且还在呈飞速上升趋势。

如果看了这些惊人的发展历史，商家还意识不到移动营销的重要性，那么必将被时代的潮流所淘汰。

移动科技：未来无处不在

提到科技，“未来”这个概念就不再遥远了，概念性的东西也就会突破概念，变得触手可及。二十年前，你可能根本就想象不到现在能够坐在电脑前，与距离千万里之外的人交流，更无法想象在地铁上，人们手中拿的已经不是报纸杂志，而是一部部功能卓越、外表靓丽的智能手机。

这些手机，就是移动营销的未来，这其中蕴含着以下几方面原因：

原因一、手机用户、移动网络用户基数大

据不完全统计，当前中国大陆的手机用户已经超过11亿人，利用手机网络的比例也接近70%。这也就表明，市场已经具有很高的规模了，无处不在的手机用户成为了移动营销行业无处不在的市场，移动科技的未来全都藏在市场里。

原因二、手机的覆盖面已经足够广泛，运营商有良好的运营基础

经历了2000年至今的十来个年头，手机网络基本上已经实现了全国的覆盖，不论用户身处哪一个角落，都能接受到无线网络信号。同时，移动运营商还加强了网络规范监管力度，加快网络基础设施建设，使得移动网络的普及程度、覆盖面甚至还要超过电脑互联网。

原因三、移动网络技术不断完善发展，以及手机应用的不断细分和发展

移动网络技术在2007以前其实是并不完善的，因为国内的技术不到位，网络基础设备不健全。但是随着运营商的重视，移动网络技术不断创新发展，使其完全有能力承载全国移动用户参与到网络中去。同时，服务商、软件开发商也与运营商拧成了一条绳，给移动网络提供了越来越多的实用性强、功能丰富的应用软件，吸引更多的用户。

原因四、互联网平台和移动网络平台的进一步联系

现在的移动网络之所以超越了电脑互联网，不仅是因为其独特的优势和强大的功能，也是因为其部分功能同互联网结合了起来——不少知名互联网平台纷纷推出手机客户端，这也使手机移动网络逐渐成为了互联网用户的新宠，正是因为其兼具了手机的便捷性和互联网的强大功能。

也正是由于其巨大的潜能，注定了其光明的发展前景，也注定了移动网络营销必将成为未来十年乃至更久的营销主流模式，所以商家必须在学习、了解其营销模式、精髓的同时，主动参与其中，才不会在新时代的营销中落后与竞争者。

第14章　使用定位监测系统第一时间锁定目标消费者

在移动营销中，有一个非常方便快捷的工具，那就是定位监测系统。定位监测系统，实际上并不是为了监测顾客的隐私，而是要时刻把握客户的动态，了解到他们需要什么、喜欢做什么，才能更好地为营销服务。

定位监测系统的应用非常广泛，其中以GPS卫星定位软件为代表，而GPS技术也是其核心与基准。GPS的产生与发展，无疑将手机“移动”这一特点彰显得淋漓尽致，移动网络的应用也变得更为广泛，人们不尽能通过手机、移动网络来发布自己的动态，更可以使用GPS定位及网络地图，来给自己定位一个更精确的坐标。这样一来，不仅拉近了人与人之间的距离，也给商家带来了接近顾客的更便利的途径。

现在，市面上的定位监测系统软件有很多，一般以地图软件、导航软件为主。在一些社交应用程序、微博平台、在线购物程序上，也有一定程度的体现。如美团网、拉手网手机客户端，就提供搜索“周边团购”的功能。人人客户端、新浪微博客户端等，更允许用户发布状态，标明自己的位置信息。

这些举措，在便利了人们的同时，也给商家们提供了更好的移动营销契机。

开启监测，锁定消费者

企业想要实行移动网络监测，就必须要意识到监测的好处，才会更有积极性，主动去完成这一工作。

开启监测的好处有如下几点：

好处一、移动监测可以加强企业的广告效果，进行有效营销监测

在传统的营销模式中，利用传统的主流媒体进行营销过于耗费金钱，而互联网平台营销虽然节省，但是也需要投入不小的心思进行维护。移动营销则不然，尤其是具备了监测功能的移动营销，可以迅速提升传播效果，并且监测这一效果的发展情况。依旧以2005年的超级女声为例，蒙牛集团不惜花费巨款，1400万元冠名超女，并提供 8000万元后续资金，通过手机短信投票的方式，吸引了全国超过60万人参与其中。蒙牛集团还实行口碑监测，严格接受用户反馈，很好地维护了广告推广的营销效果。这一举措，也帮助蒙牛获得了超过去年营业额18亿元的优异成绩。

好处二、监测可以增加消费者的“黏性”

监测是一个长期有效的措施，也必须长期执行。而正是这种长期执行，也延长了用户对于企业移动产品的使用时间。雀巢就是如此进行长期监控的。他们前几年推出了手机短信平台，消费者可以通过手机发送“积分密码”，参与雀巢“花心筒”积分竞拍。这场活动的流程非常清晰——消费者通过角逐晋级，最终获得大奖。参与的消费者感觉大奖就为自己设置的，于是纷纷购买产品，并且参与积分兑换。这次活动不仅应用了移动娱乐式营销，也是一次成功的移动监测：让参与者在长期的参与中放松对营销的警惕，并持续关注此品牌及其产品，这就无形中增加了消费者的“黏性”。

好处三、监测可以帮助收集目标用户手机号码，从而实现一对一、一对多的精准营销

原本监测功能还不足以实现针对目标客户的精准营销，但是自从2010年9月，我国正式实施手机用户实名制，也就意味着手机号码对应特定的真实手机用户了。这一举措，说明企业的监测定位能够具体到某用户个体身上，而且值得一提的是，用户一般不会轻易更换手机号码，这就决定了手机号码的营销具有很长的周期性，价值也要更大。而企业要做的，就是通过定位、监测，来收集目标用户的信息，从而实现精准营销。

好处四、监测可以实现客户群的分类和营销的本地化

GPS的应用和移动监测，之所以被称为移动营销本地化的一大助力，就是因为它们具备很强的区分性。企业可以通过这两大功能的结合，将用户群按地域、消费类型进行分类，非别采用不同的营销手段。这样一来，不仅拉近了企业与客户之间的距离，也使更多用户能够参与进来。福特公司的客服就是这么做的。其客服采用区域智能回复，实现了服务的本地化，这就是利用了移动监测实现的。

移动营销监测有这么多的好处，那么企业该如何通过监测锁定消费者呢？无非是两点：**一个是加强对于监测与移动用户的分类学习；另外一个则是精确定位，锁定消费者**。

移动手机只对应某个特定用户，而企业一般都是通过获取用户SIM卡串号来做用户的定位和细分的。IMSI（国际移动用户识别码）是区分客户群的重要标准，因为它可以区分出用户运营商归属。另外，设备串号也是另一个重要的区分准则，IMEI（国际移动设备身份码）是每台移动设备唯一的标识，可以通过来区分用户的手机型号和所处位置等信息，从而帮助企业进行客户群的划分。无论是手机号码对应的SIM串号，还是设备串号，一般来说锁定的都是唯一的真实用户。例如，每一台iPad都是一个移动终端，每一台的设备串号（IMEI）、SIM串号都是不同的，可以用来区分用户。

严格接受监控反馈，锁定消费者。这一点说起来容易做起来难，企业要精确定位客户群，除了要懂得利用设备串号（IMEI）和SIM串号来区别、划分客户之外，还要懂得利用GPS移动监测来了解客户的时事动态，进行严格的动态监测。企业可以通过短信群发、长期活动等形式，吸引顾客的参与，这样一来，就建立起来一个长期互动的关系，时间久了，就能赢得一部分客户的信任，从而转化为有效购买的客户。**而监测的另一方面，就是要注重监测的反馈信息，消费者并不是永远对企业死心塌地，这就需要商家不断地通过反馈来改进自身，才能保证顾客短时间内不会流失。**

与互联网共享，加快追逐脚步

移动网络之所以发展的如此神速，与互联网打下的良好基础是分不开的。而近些年来，移动网络与互联网的融合趋势也越来越强，商家也逐渐意识到，只有这种“强强联合”，才能给企业的移动营销带来更广的商机。

而商家要是想要真正的将这两者结合起来做营销的话，就必须从移动网络平台上形形色色的移动应用程序着手，不仅仅是因为他们的新奇有趣能吸引广大的用户，更因为它们具备足够强大的功能，是互联网与移动网络整合的最主要媒介之一。

首先，商家必须了解移动应用类别。从表现形式上，移动网络应用程序可以分为以下两大类：

第一类、客户端形式。客户端形式的软件，除了手机自带的之外，需要用户自行在移动网络平台上下载，并且在手机上安装后才能使用。而这些移动应用客户端，是互联网移植到移动网络的最主要途径——不论是iOS系统还是Android系统上，互联网上的一些一线网络产品纷纷移植到手机上。淘宝、土豆、优酷、美团网等互联网主流社会化媒体，早早便在移动应用程序中占据了一席之地。

第二类、浏览器形式。手机浏览器的功能和网页浏览器是大致相同的，但是存在的基础和形式还是有很大差别的。电脑浏览器是建立在IE的基础上，经过一定的改进而形成的各种版本。手机则是建立在2G、3G网络的基础上，通过手机自带浏览器或者下载的第三方浏览器进行访问的。商家要注意的是，不能仅将浏览器的发展局现在Web App上——未来的手机浏览器的模式将以HTML5为主，必须要往这一方向靠拢。

而从具体的功能上划分移动应用的话，通常情况下，从内容功能上可以划分为基础类（如手机浏览器等）、游戏类（如“贪食蛇”等）、工具类（如手机词典等）、媒体类（如音乐播放器等）、生活服务类（如天气服务等）、商务类（如手机淘宝等）。

在如此之多的应用软件之中，最适合用来做移动营销的就是基础类和商务类，因为它们本身就包含了宣传或者营销的成分，是其最基本的内容和功能。但是，也绝对不能轻视其他类别的营销，尤其是游戏类应用，近期的发展非常迅速，其中的嵌入式营销更是能够起到意想不到的效果。

要看商家的应用软件经营状况，就必须看移动应用的用户关键指标，只有这些数据才能衡量一个企业的移动营销发展到了什么地步。值得一提的是，**这些数据也与互联网的网站营销数据相差不多，进一步地体现了移动网络与互联网的紧密结合**。

第一个、活跃用户（Active User）。这一点类似于微博营销当中的有效粉丝统计，一般是通过网络后台来获取用户行为信息，然后再统计获得的。这里面的用户之所以说是活跃有效的，是因为他们对应真实的手机号码，都是唯一的，所以这是衡量企业应用的核心指标。活跃用户的统计可以按周期划分，分为月度统计和每日统计等。

第二个、每日PV数。PV数也就是每日应用产生的浏览次数，商家可以通过统计这一数据，明确当前在移动营销中的人气值，从而了解到移动营销的总体发展状况，这一举措与互联网营销是相同的。

第三个、每日广告PV数。广告PV就是指位每日用户提取广告的次数，通过这一点，商家可以时刻了解到当前营销的发展阶段，并且明确广告宣传的效果，从而获悉下一阶段的营销目标以及投入方向。这一点与互联网营销有所区别，只有移动网络才具备。

通过这些关键数据，企业不仅能够明确营销的发展情况，也能够了解企业移动应用程序的应用范围、使用效果，就能与互联网营销建立起一个更加紧密的关系，从而加快营销的转变步伐。

通话、信息、邮件与其他监测

现如今，除了利用GPS这种科技性很强的定位和监测系统之外，其实手机的极大最基本功能也被用来做营销及用户监测，例如手机的电话功能、短信功能、电子邮件收发功能，都能够在让用户接收到企业的移动营销的同时，让企业及时的接收用户的信息，从而实现时事的监测和管理分类。

介绍电话的营销及监测功能

电话营销不仅是指移动手机，也包括了固定电话，这种营销模式最早出现于20世纪80年代的美国。在移动营销当中，通话营销虽然并不是最主要的方式，但是其反馈作用是最明显的——能够通过直接与顾客的交谈来了解其对于企业及产品的看法，从而协助企业自我改进。因此，电话营销绝不能等同于随机拨打大量电话、碰运气推销企业产品。现在的电话营销中，产品的营销功能已经被淡化了，商家们注重的是通话过程中收集到的反馈。

移动电话营销模式包括直接销售、数据库营销、一对一营销等，而其组成的最基本框架是呼叫中心、客户服务中心、接线工作人员等。这些技术尽管内容和侧重点各有不同，但其目的都是一样的——充分利用当今先进的移动互联网、手机通信技术等，来为企业创造商机，并且锁定客户群、管理客户。

移动电话营销中，商家通过使用手机与用户通话，能够帮助企业实现精准的客户群定位，并且有计划、有组织地扩大顾客群。而且通话中，企业可以通过一些活动、奖品等，来提高顾客的满意度，从而在拓宽新市场的同时，维护老顾客市场。

除了反馈顾客信息外，在分类顾客群的时候，通话功能同样能起到极大的作用。**在通话过程中，商家完全可以通过一些简短的调查，完善用户的资料，从而实现客户的详细分类。**

介绍移动营销中的短信营销及其监测功能

短信营销不仅仅移动营销不可或缺的一部分，甚至可以说是最重要的一个环节。其体现就是：用户虽然是被动的接受信息，但是他们也有权利拒绝不感兴趣的信息和回复一些感兴趣的信息。手机短信群发作为移动营销的主要手段之一，虽然具有一些限制因素，但是覆盖范围广，用户基数大，可谓是“广泛撒网”的营销典范。

当然，没有什么营销内容是万能的。企业的短信不能是强制性的，否则只会招致用户的反感，所以要保证内容的相关性以及业务的可退订性。

同时，短信的发送过程中，必须通过一些活动争取与用户达成互动，如一些竞猜、有奖问答等，都有很大概率得到用户的反馈。**有了反馈自然就产生了监测的效果，**用户通过参与活动，很容易透漏一些自身的信息，而企业针对这些信息进行汇总统计，就能够时刻了解用户的动态了，也容易博得用户的好感，对于营销来说无疑便利了很多。

介绍邮件营销

邮件营销的限制条件很多，必须具备三大基础才能实施，而且缺一不可。

基础一、用户的认可。与通话、短信这两种方式不同，邮件营销的前提条件是用户的事先许可，也只有获得用户的认可，企业发送的邮件才有宣传和营销意义。

基础二、网络的传递。手机电子邮件是利用移动网络进行传递的，手机用户的电子邮箱也是唯一的、真实的，手机电子邮件必须要通过移动网络进行传递，从而实现邮件营销的各个环节。

基础三、信息的价值性。企业不能盲目的进行邮件群发，这样的就叫作垃圾邮件，也就是说，企业所发的邮件在做营销的同时，其内容一定要对用户有价值，否则就只是对顾客的骚扰。

商家通过电子邮件的方式，利用移动网络向目标用户传递有营销信息，就能够同时实现营销和监测，**正是因为用户选择接收企业的营销信息，就是对企业营销的一种认可了**。与此同时，由于用户的认可是邮件营销的基础，也就相当于用户对企业的信息统计采取了默认的态度，所以是一种有效的监测手段。

使用打车软件，实现快速打车

对企业来说，实现用户的监测具有很强的现实意义，主要就是能够帮助企业时刻了解用户的动态，从而不错过任何商机。

当下最流行的应用软件类型之一就是“打车软件”。顾名思义，打车软件就是指一些帮助现实世界的消费者解决生活中“打车难”这一问题的一种移动手机应用，具体划分的话，可以归类到生活服务类产品中。而这简简单单的打车应用中，包含了很多值得商家学习和利用的技术和模式，如果应用得当，完全可以开发和利用同类型产品，带来海量商机。

当前市面上最流行的打车软件，当属“打车宝”软件。打车宝软件是由一些日常中常见的移动网络技术支撑起来的，其技术成分非常简单——GPS定位系统、GIS地理信息系统、手机感应器、消息推送平台这四大软件技术组成了打车宝。而从机构组成方面，分别是司机端软件、乘客端软件和打车宝平台这三大主要角色。其具体的实施流程也非常简明易懂：**乘客端发出召车请求→经平台发给乘客附近的司机→司机端收到后可选择前往载客或拒绝→司机的回馈经平台发给乘客**。

这一看似简单的打车软件是为了解决问题而应运而生的，**它在诞生的同时，不但解决了人们的实际问题，也通过其应用的实践，带来了很多营销方面需要解决的问题**。

有人会说打车软件的市场很小，其实不尽然。该软件如果应用得当，哪怕是在某城市只能做到覆盖一半，全国范围内汇聚起来也是一个巨大的市场。

有人说打车软件的市场开发是烧钱行为。前期随着软件的开发、投入使用以及网络的覆盖，或许投入是比较大，但是这只不过是阶段性的，这种花费会到达一个波峰，然后就开始随着技术的完善而递减。

有人说这种类型的软件没有详细约束，甚至可能出现在线支付后司机逃跑的情况，可是在平台的监测和用户本身的监测下，一般来说是不会出现这种情况的。

还有人说，有了电话叫车，手机应用就显得多余了。可事实证明，自从打车应用出现后，国内一些主要城市的调度中心坐席减少了超过三分之一，这就是打车应用起到巨大作用的最好体现。

这是一种另类的营销方式，也实现了商家对于用户信息的跟踪和实时监测，不仅能够准确定位用户的位置信息，还可以根据该信息统计密集用户点，便于进一步的营销。

因此，打车应用的出现，无疑是给商家的移动营销推开了另一扇大门——**在提供营销的过程中给用户提供便利，而又在提供便利的同时锁定客户群、监测客户群，给企业的营销打下了良好的基础**。

第15章　iPhone营销密码

苹果公司出产的电子产品，包括iPhone、iPad、iPod touch等，一向受到广大用户的追捧，尤其是iPhone系列手机，不仅其外观造型优美，功能强大，受到无数中高端消费者的青睐。iPhone之所以如此受欢迎，原因如下：

原因一、自身产品的性能卓越。用过iPhone或是了解iPhone的朋友肯定是对iPhone自身的一些性能与造型设计感兴趣，华丽而优雅的造型让人的目光首先就被吸引，其次，iPhone上的那些功能强大的应用程序，几乎可以说是iPhone功能的来源，覆盖了人们工作、生活、娱乐、社交等方方面面。

原因二、出自苹果自身的营销模式的成功。iPhone本身再优秀，也需要苹果自身的品牌营销模式来支撑。没有哪家的电子产品，能够像苹果这样拥有如此众多的追捧者，更没有商家愿意去与苹果竞争品牌，因为苹果的品牌效应做的实在是太到位了。而苹果的营销模式，就是将产品的优势与企业的宣传结合起来，在进行了一系列的宣传之后，让客户对产品本身产生一定的购买欲，从而获得关注度。因此，每次iPhone的最新产品发布的时候，总是会被炒得无比火爆，给人一种“供不应求”的感觉，销量自然也就提高了。

iPhone的成功与这两点息息相关，其成功营销模式也可以被称作微营销的模板案例，值得商家学习和思考，而其提供的应用程序，开发得当的话，也能成为商家们在移动营销中的又一神器。

使用iPhone人群的身心特征

在国内越来越多的手机用户选择使用iPhone，尽管iPhone的价格比普通智能手机贵好几倍，但是这股购买的热潮就是无法阻挡。

但是，也并不是所有人都愿意使用iPhone手机的，国内的iPhone用户一般都有着鲜明的身心特征，这些特征才是他们使用iPhone的根本原因。

既然是身心特征，自然就可以分为“身”和“心”两大部分。

“身”指的是购买需要，即有使用iPhone的实际需求的消费者，以及他们的物质基础、外在特征。这是他们使用iPhone的最根本原因，也是最初的购买动机。

具体划分的话，“身”又可以分为以下几点，如下表所示。

真实需求	有人买iPhone纯属跟风，但也有不少人购买是因为有真实的需求。iPhone不论是从外观设计还是强大的功能来说，都是上上之选，虽然价格高昂了一些，但对追求新潮的消费者来说，能满足他们的外观需求、功能需求，花这几千块钱也是值得的
外在环境	受到这一因素影响的顾客相对来说算是小部分，因为这种情况发生的概率并不是很大。例如，在办公室里，周边的其他同事用的手机都是iPhone4s、iPhone5，只有你一个人用的是国产智能机，环境所迫，你也不得不购买一部iPhone了
经济条件	**经济永远都是决定购买力的前提和基础**。如果经济条件足够，购买一两部iPhone也绝不是什么负担。购买苹果手机的人群，一般都以收入水平较高的消费者为主
职业	职业也是影响购买的重要条件，一般来说，国有企业、政府部门工作人员很少有使用iPhone的，因为工作环境、风气不允许他们这么做。但是对私企的办公室白领、在校大学生、公关人员来说，iPhone既是一种身份的象征，也是他们茶余饭后的谈资，所以在这些职业中相对普及一些

（续表）

年龄段	年龄段决定消费心理和消费能力。据调查，使用iPhone的一般都是18～35岁的年轻人，这些人群有一定的购买力，同时有消费热情，对于功能强大的iPhone是非常喜爱的。相反，国内很少见到有中老年人使用iPhone的，也正是因为年龄段的巨大差距决定的
学历水平	学历水平之所以能够影响到是否使用iPhone，就要与第一条“真实需求”挂钩了。一些高学历人群，之所以选择iPhone，是因为它的应用软件能够提供强大的计算、统计功能，科技性很强，有时候甚至能够协助科研工作

至于“心”，则一般是指消费者的购买心态和消费心理。在国内，消费者的心理不同与西方，既受到外来文化的影响，也有着国内传统购物观的影响，这两者的结合，就形成了有中国特色的消费心理，也正是这一心理，引导许多人购买iPhone手机。**消费心理可以具体分为如下表所示的几方面**。

提前消费心理	分期付款作为当下最流行的付费模式之一，受到许多人的喜爱，正是因为购买某高价商品时，不需要一次付清，是一些年轻人、中低收入群体所乐见的。很多商场的iPhone销售也采用分期付款，一部5000元的iPhone5，分期一年内付清，也就是每月只需付400多元，在很多人的承受范围之内
跟风心理	有人最初在购买iPhone的时候，并不是自己想买才去买的，也不是看中了其外观或功能，仅仅是因为看到别人买，看到苹果受欢迎，电视、报纸、网络上炒得火热，才会跟风购买，这就是盲从心理
追求前卫心理	这一类的消费者一般都有良好的经济基础，他们追求iPhone或许并不是因为自己喜欢它，而是因为这是当下最时髦的电子产品之一，iPhone5出来了第一时间就买下来，如果iPhone6出来了，即便自己不需要换手机，也会立刻抢购

因此，商家在做iPhone营销的时候，必须要综合这些身心特征，才能准确定位iPhone客户群，并且把握他们的购买心理和能够接受的底线，详尽考虑企业能满足这一客户群什么样的需求，才能给企业的iPhone营销奠定坚实的基础。

iPhone营销关键点一：抓住App Store的应用商机

App Store也就是Application Store的缩写，是应用商店的意思。App Store是苹果公司为iPhone、iPod Touch、iPad及Mac创建的在线下载平台，该平台允许用户从iTunes Store或Mac app store下载应用程序。

在该下载平台上，用户可以购买或免费试用各种类型的应用软件，将这些应用程序直接下载到自己的iPhone上。常见的应用其中包括：游戏类、工具类、系统类、办公类、生活类、媒体类等许多实用的软件。这些软件不仅方便了广大用户，也给商家的移动营销提供了一个开阔的平台。

这也是为什么人们说，不联网的iPhone只是一款可以打电话的游戏机；而连上网，就是功能强大的营销利器。

一开始，App只是作为一种第三方应用下载平台而存在的，不论是对商家还是个人用户都是如此。可是，随着移动网络越来越开放，一些围绕iPhone的盈利模式开始运作——越来越多的商家开始与服务商、软件开发商结成同盟，如腾讯微博、新浪微博、百度应用平台等，都是 App全面开放的表现。

在这些下载平台上，商家无论是在何种软件内都有机会去做嵌入型营销，如在非常受欢迎的游戏“愤怒的小鸟”中，iPhone用户就能看到许多营销的广告信息，以及各种推送信息，并且在第一时间就引起用户的注意。当然，这绝不是App营销的所有优势，其优势还有以下几点：

优势一、成本低廉

App营销的费用，相对于传统营销的电视、报刊平台要低很多，甚至对比网络营销来说，都要廉价不少——App营销仅仅需要开发一个适合于本品牌的应用，而不需要投入持续的人力进行维护和推广。当然，商家有可能要付一些推广费，但是这要花的钱与做电视广告相比，简直就是九牛一毛。

优势二、持续性强

不论是传统营销还是网络营销，其持续性都不能与移动App营销相比。传统营销和网络营销的效果一般都是按周期性计算的，即便是最长的也不会以年为单位。后者就不同了，一款成功的App应用，完全可以风靡数年乃至数十年，因为一旦用户下载到手机中，必然持续使用。这样一来，**无论是在应用自身的存在还是对企业的销售上，App都增加了产品和业务的营销能力**。

优势三、协助精准营销

App应用具有独到的市场精确定位性，因为它可以根据用户信息来准确把握市场走向。这种营销突破了传统营销“定位只能先定性”这一局限，也就是利用数据库技术和网络通信技术，保持与顾客的沟通联系，也就是之前所说的监控。有了监控，就能随时获知用户的最新动态，从而使营销的后期服务有了保障，同时也能够保持对顾客的持续吸引力。这样一来，企业就无需花费高成本与用户沟通，反之这种低成本交流更为简单有效，保持了商家和客户的密切沟通，在满足客户需求的同时，也建立了企业忠实的顾客群（重复购买率高的老顾客）。

优势四、能够全面展示产品信息

这是移动App营销与网络营销的共通点之一，那就是能够利用移动应用，全面展现产品及服务的信息，从而刺激用户的购买欲。iPhone就是这么做的：在新品发布之前，在用户没有见到产品之前就做足营销，让其购买欲充分激发。**这就需要商家利用移动应用来提升其品牌竞争力，而这也并不难做到，往往一个成功的应用就能够树立品牌效应了**。这样不但降低了客户对购买产品的抵触情绪，也能让他们充足地了解产品信息。品牌竞争力有了，营销的优势自然也就形成了。

iPhone营销关键点二：利用产品功能愉悦客户

如果说苹果公司关于iPhone产品的一系列售前营销是销售量的敲门砖，那么iPhone本身强大的功能就是被广大用户追捧的最根本原因——毕竟，没有人愿意白花钱买一个作用不大的手机，即便是与众不同的iPhone。

不管是苹果本身的营销过程，还是商家利用iPhone做营销，都非常重视对其功能的开发。这些功能有的新奇有创意，有的能够娱乐用户的身心，还有的能切实在用户的生活中起到帮助……总之，各种各样的应用软件，是为了愉悦客户而存在的，而其最根本的目的是要将营销做到最好。

iPhone到底有哪些功能，能够博得广大用户的芳心呢？

外观也是功能的一部分。iPhone从第一代起，就极力追求造型上的完美：流线型的外壳，闪亮坚固的外层涂漆，坚硬而又轻薄的机身，都让顾客为之怦然心动。同时，iPhone致力于手机周边产品的开发，这一点从市面上形形色色的成千上万种手机外壳就可见一斑了。

iPhone的iOS系统自带的功能。iOS系统，不仅提供一些最基本的应用软件，而且其设置流程、触屏操作、语言手势、屏幕分辨率等基本属性，都是手机中的上上之选。尤其iPhone的绑定功能，更是给用户的唯一性、真实性提供了最坚实的保证，这一点对商家来说，无疑是营销的一个良好开端。

App Store所提供的生活类软件。生活类软件也可以被称作服务类软件，它们可以帮助用户时刻了解时间、天气、列车时刻表、公交线路甚至违章查询，有些软件还带有在线支付功能，极大便利了人们的生活。而这种便利同样是对商家而言的，有了这类软件，直接就把商家的营销和人们的生活结合在了一起。

娱乐类软件。娱乐类软件包括游戏类、影音播放类等应用软件，它们的存在使得iPhone变得有趣了起来，人们可以听音乐、玩游戏、看电影，愉悦身心。在娱乐自我的时候，也很少会去留意软件带有的嵌入式广告，所以娱乐类软件是隐蔽性最强的营销工具。

工具类软件。工具类软件可以分为工作和学习这两大类，常见的有电子词典、Office软件等，这些软件都能帮助用户利用iPhone提升自己的素质，并且取得用户的信任。这一类软件看起来是与营销最不沾边的，但是不要忘了，有软件的地方就有品牌，而有品牌的地方就有营销——商家永远不会错过利用工具类软件来推销自己的机会。

苹果公司在致力于开发应用程序的同时，也在不断完善手机本身的功能。据传闻，iPhone将开发最新的防摔功能，并且申请专利。这种防摔功能，是在手机不慎从高处坠落时起作用的，手机能够通过重力感应，减缓自身下坠速度，同时调整摔落角度，最大程度地减少手机的损害。这一举措看上去与营销并没有直接的联系，**正是由于苹果公司这种精益求精、不断为顾客进行自我调整的态度，才让自身的品牌始终站在电子产品之巅**。

iPhone营销关键点三：推送时将自己和他人区别开

用过iPhone的用户都知道，在使用手机的时候，不管你联网与否，经常能够接受到一些推送信息。这些信息有提示用户手机系统需要更新的，有一些软件升级的，还有一些商家通过软件监测发送的广告，但无论是哪一种，都会在手机屏幕上方出现，在引起用户的注意后一闪而过。

推送信息的方式大致可以分为两类，一种是系统的推送信息，还有一种是应用软件的推送信息。

系统推送是iPhone的iOS系统自带的功能。它提供最基本的手机系统维护与升级信息，也包括一些提示手机充电、内存管理等要求用户操作的消息。

软件推送则是用户通过下载平台自行下载的一些软件所带来的。比如淘宝网客户端，就会经常发送一些用户所关注的商品、商家的最新动态，也会提示一些发货信息、物流信息等。还有一些应用软件，会提示市场上发布的最新版本，用户可以选择是否升级。更有些是软件推送的广告，用户可以选择查看广告并决定是否购买产品。

商家在做iPhone营销的时候，必须选择一个与众不同的推送手段，区别于其他商家，才能获得用户的足够关注，使其营销信息不至于被用户看也不看直接跳过。与众不同的推送信息好处有很多：

好处一、有助于商家建立独特的营销模式

每一个类型的应用软件，所带来的营销效果都是不一样的，尤其是在进行消息推送的时候更是如此。淘宝这一类的购物类软件发送推送广告，往往会被用户视为正常行为，而一些工具类软件发送推送，就显得与营销格格不入了。**商家必须把握这一点，通过最适合自己的独特推送模式，来博得用户好感**。

好处二、不容易引起反感

如果商家发送的推送信息是千篇一律的广告，那么大概百分之九十以上的用户会将商家的那些垃圾消息连同软件一起卸载，因为这是他们最厌恶看到的。而一些新奇、好玩的推送信息，不仅不会让顾客厌烦，反而会产生兴趣一窥究竟。

商家该如何做到把自己的推送信息变得与众不同呢?

尊重用户的个人选择。这是很重要的一点。不少软件都是强制安装、强制许可发送推送信息的，这是用户最反感的，他们会有一种被强买强卖的感觉。商家可以在软件的设置中表明，推送信息是可以被取消的，那么用户在选择接受的时候就完全是出于自愿，也就等于是给营销开了一个好头。

将系统推送信息与软件有效结合。这一点看起来很难做到，但是其实很简单，这与商家在选择软件类型的时候息息相关。例如，360公司在手机平台上推出的360省电王软件，就是与系统的电池管理这一功能挂钩的。试想一下，当用户的手机电量不足时，软件的提醒和系统的消息同时出现，会是怎样的一种效果?

确认推送信息是对用户有效的。无论是系统推送还是软件推送，只要是有效的信息，就能够引起用户的充分重视。一些对于用户无关紧要的东西，就被称作垃圾信息。企业在给用户推送消息的时候，必须注意其营销的内容是用户所需要的，甚至可以是他们可要可不要的，才能让用户有转变为顾客的可能，而这一点是一般的商家所以意识不到的。

iPhone营销关键点四：做不讨人厌的广告

iPhone的营销是苹果公司成功的营销案例之一，其成功之处就在于市场的炒作，尤其是售前市场。在新品发布前，官方会透露一些关于新产品的造型、功能等信息，吸引消费者的眼球，同时总是有各种各样的“小道消息”不胫而走，给iPhone的上市煽风点火。

同样是在做广告，为什么很多商家的广告都被用户视若无睹甚至是产生厌恶和抵触，而苹果公司就能做得如此出色呢？

这与其完美的广告准备与流程是分不开的。

广告准备的第一步、准备好广告的内容与主体

广告的内容并不是通过单一的手段发布的，与产品相关的任何素材都可以成为广告的内容。也就是说包括文字、图片、视频等在内的一切表现形式，都是广告的覆盖面。利用功能丰富多样的iPhone做营销，就要令其生动形象的特点发挥到极致，从而对消费者产生五感上的冲击力，才能有购买的欲望。iPhone的营销中，广告的内容和主体还可以是产品的一些特色，对消费者来说，好的特色就是产品的亮点，也就是卖点。可以说，广告的内容是有特点的，就等于营销成功了一半。

广告准备的第二步、广告源头的制定

不同于广告内容，广告源可以说是企业广告的根本来源和发布基础，也与营销的目的实现紧密相关。广告的推广方案总是在其被发布之前就被制定好了的，这也决定了广告源必须是围绕产品的创新点、特点、独到优势等建立的。有了良好的广告源，就好像病原体对于病毒传播的作用一样——广告源是裂变式传播的开端和根本保证，做好广告源，广告就可以投入使用了，也意味着企业营销的正式开始。

广告准备的第三步、广告载体和媒介的选择

在广告的传播过程中，广告载体的选择至关重要。物美价廉的产品也需要最适合的平台来承载。比如一些社区内广告选择社交软件客户端，就能够起到最好的传播效果——如果用户看不到，再好的广告内容和广告源都没用。

具体该怎么做，才能让企业的广告不被用户讨厌和抵触呢?

尊重用户的选择。商家做营销是为了赚钱，客户买产品是为了便利自己，这原本是一个愿打一个愿挨的事情，有的商家却将iPhone上的广告变成了强买强卖——只要用户下载了其软件，就必须收到商家的推送广告，这是让人非常愤慨的。**商家只有尊重了用户，给他们选择接收或者是不接收企业广告的权利，才能得到用户的喜爱和发自内心的尊重，所以往往选择接收企业推送信息的用户，有很大概率会转变成企业的忠实客户。**

iPhone营销关键点五：通过绑定与分享建立顾客忠诚度

除了上述应当引起商家重视的关键点之外，商家还不能忽视iPhone提供的另外两大基础性服务功能——绑定和分享。

首先是绑定功能。顾名思义，绑定就是将用户和一部iPhone“捆绑”在一起，也就是所谓的一人一机。2010年以来，在国内不论是电信还是联通，推行的都是实名制手机号码登记制，这也意味着在大多数情况下，手机号码和唯一的真实用户相对应。而对于企业来说，也正是这一举措使得移动营销的意义非凡——无论是营销的持续性还是有效性，都因此大大增强了。

而iPhone提供的绑定，是三重绑定。除了SIM绑定了真实号码之外，每一部iPhone都有着自己所独有的设备串号，对应真实用户。同样的，iPhone提供每台设备绑定个人邮箱的机会，用户在这种情况下，所选择的往往也是自己常用的有效邮箱。也就是说，在这三重绑定下，基本上能够做到对客户的一对一锁定。

分享功能则是iPhone提供的连接手机移动应用的一个拓展功能。在很多iPhone软件商，用户都能看到“分享给好友”“一键分享”等选项。这些分享选项，是将用户在iPhone应用平台上的最新动态通过移动网络的平台（如新浪微博客户端等），展示给自己社交圈内的亲朋好友看。

这一功能的出现，无疑是对于社交网络的最充分利用和开发。这不仅是用户的自我展示，而且是用户对于商家的软件进行反馈的一个过程——除了企业能够随时看到用户的反馈信息外，用户社交圈中的朋友也能间接地对于商家做出一些了解，并且根据该原始用户的反馈好坏做出对该商家的价值判断。

对商家来说，应该看到这两大功能当中的商机，这些商机给他们提供了一个最好的发现客户、定位客户、监控客户及培养忠诚客户的机会。

绑定功能对于前期的客户管理来说是意义非凡的。商家不仅能通过绑定来找到客户，还能通过号码、设备、邮件等信息，确定客户所在的地区等部分信息，从而实现用户的初步分类。

而分享功能注重的更多是客户管理的中后期环节。分享侧重于与用户的互动和分析用户体验，这样一来，通过调查等方式，用户的反馈信息自然就清楚了，对于用户的监控就间接实现了。

培养忠诚的客户，对商家来说，更重要的是培养客户对于应用软件以及企业本身的兴趣。如果用户乐于分享，至少说明他们对商家的产品是感兴趣的，如果分享的人少了，企业就可以通过局部调查来了解自身存在的不足。长此以往，一个忠诚的客户群不难建立。

当我们失去了乔帮主，才发现iPhone并不是万能的

乔布斯的去世让无数苹果的粉丝伤心欲绝，一个营销天才的逝去总是让人难过和惋惜的，但是作为商家，必须看清他的离去给iPhone带来了怎样的改变，对iPhone的营销模式又会有着怎样的冲击。

有不少业内人士都认为，乔布斯不仅代表着苹果的创新力，也是苹果公司对外最大的媒体号召力，他的死会导致苹果市场号召力的丧失。但是，这并不是最重要的影响，对于商家来说，营销模式的变革才是最重要的。

乔布斯在世时，不论是苹果公司本身，还是寄身于iPhone平台的诸多商家，营销可以说是被做到了极致。正是因为乔布斯不仅带来了自己的设计理念，同时也将自身的创新精神融入了产品之中。

iPhone的出现和不断的改进就说明了这一问题。无数应用软件出现在iTunes的下载平台上，商家可以利用各种各样的软件来为自己的营销铺路。

但是没有了乔布斯，很多人都发现：苹果出问题了，iPhone营销也出问题了。

真正的问题不在于苹果离开了乔布斯，就无法推出新产品了，更不代表这会带来iPhone品质的下降。关键的问题在于，乔布斯的离去，让那苹果作为一个曾经风靡全球的产品，失去了创新的精神。

没有资本并不可怕，可怕的是不能与时俱进。尽管App市场的发展已经日趋成熟，但是谁能证明未来的十年乃至二十年内不会再次发生翻天覆地的变化呢？苹果公司缺少了乔布斯的创新理念，在未来的发展必定会是一片坎坷，iPhone的产品、应用开发，也无法再有所进步了。

应用软件营销模式的僵化饱和。明眼人不难发现，在过去的几年内，虽然App Store看起来发展神速，加盟其中的商家数量也在不断激增。但是，同类软件已经有太多的开发商去经营了——在这么多同类、同性能的软件中，用户该何去何从？**市场总是有限的，尽管如今的应用市场还没有到饱和的程**

度，但是僵化的局面已经出现，在未来的几年内这种现象会更加明显。

同时，乔布斯的存在，更多是作为一种品牌的号召力，把很多信任他、喜欢他的人都束缚在了iPhone上。他去世后不少人才发现，其他品牌的智能机不一定就比不上iPhone，安卓移动市场也未必就比iTunes差，当中也是有很多可以投入到智能手机营销当中的，这也使得iPhone营销的市场占有份额进一步下滑。

第16章 能给力多一点的移动广告

移动广告是移动营销中必不可少的一种营销手段，是指通过移动设备（手机、平板电脑等）来使用移动应用或者访问移动网页时显示的广告。广告形式多样：图片、文字、视频、插播广告、Html广告等，都属于移动广告的范畴。

移动广告作为一种新型的广告模式，绝对是商家理想中的给力利器：

移动广告的精准性无与伦比。相对与传统广告，移动广告在精确性方面的优势非常明显。移动广告不需要借助纸质广告的物质载体，也不像电视广告、网络广告这样依靠庞大的覆盖范围，这些营销手段都是有局限性的。移动广告可以根据用户的实际情况，一对一、一对多地将广告内容在第一时间派发到手机用户的手中，可以说是异常精确。

移动广告具有即时性。可以说，移动的广告即时性来自于手机本身的可移动性。手机是个人的随身携带的物品，它的便携性比其他任何一个媒体工具都强。比起笨重的电脑，绝大多数用户会把手机带在身边，所以手机上的移动信息到一般都是最及时到达的，第一时间传递给用户。

移动广告具有互动性。手机广告不仅可以通过短信群发，也可以通过信息的推送。而无论是哪种方式，都给了用户反馈信息的机会，这就等于是在手机与消费者之间搭建了一个沟通的桥梁，使得移动广告具有很强的互动性。通过互动，商家能更及时准确地了解客户的需求，从而锁定更多的有效顾客。

移动广告的扩散性强。手机的短信功能不仅可以让用户接受移动广告，如果用户认为该广告是有价值的，也同样可以将该广告再传播给自己的亲朋好友，这就导致了营销的扩散发展了。

所以，在接下来的营销发展中，移动广告必将占据移动营销的主要地位，并且在商家的营销过程中起到开头和引导作用，是一个无法忽视的重要环节。

移动广告术语使用一：PPC，点击付费营销模式

移动广告有四大基本的付费营销模式：PPC、CPM、ESPM、CTR。

这四大付费营销模式各具特色，在移动广告乃至移动营销中，都占据了非常重要的地位，它们的存在，可以说是移动营销资金入账、转化的最主要流程和基础。

PPC是英文Pay Per Click的缩写，翻译成中文就是“点击付费广告”的意思。而点击付费广告是广大商家最常用的网络广告及广告付费形式。

目前的移动网络上，提供点击付费的平台非常多，一些浏览器（如UC浏览器等）的搜索引擎都是按此数据收费的，用户每次点击，都将给平台带来一定的收入，而企业要做的，就是付给这些平台最基本的租金，来维护其广告位置。

PPC作为目前移动广告市场中最常见的广告计费模式，商家不得不参与其中，在向搜索引擎和网络平台付费的同时，也赚取足够的人气和营销价值。

PPC的收费是这样的：**起价+点击数×每次点击的价格=最终费用**

这一公式中，三个数据都是不确定的。一般来说，知名的搜索引擎（如百度、谷歌等），起价就会高一些，价格大概在数万元至十几万元不等，每次点击的价格则是在0.30元左右。而且提供点击付费的平台也很多，浏览量较大的网站都可以作为付费广告平台。

PPC广告不仅在网页、应用中作用非凡，在搜索引擎广告中也有着广泛的应用。企业需要开展网络营销、搜索引擎营销或者是移动营销的话，PPC既可以作为广告形式，也可以作为企业主要的付费形式。在PPC模式下，只有企业的网站、广告被用户点击之后，才会产生费用支付的费用，因此PPC广告能够帮助企业锁定的客户，**做到每一分钱都不浪费，具有明确的目标性**。

另外，商家还可以通过调整PPC的价格，重新选择为企业代理的网络平台和搜索引擎等，实现了成本的可控性。

商家选择实施PPC的步骤有三个环节：

第一步，选择登录页面工具，即浏览器等基础性网络服务工具

通过该登录工具，商家可以保证互联网作为传播媒介这一基础，而选择了正确的工具，对于之后的营销宣传也会是事半功倍的。

第二步，生成关键字列表

无论是对于搜索引擎还是代理网站来说，关键字都是必不可少的，不然用户怎么才能看到企业的存在呢？所以，企业必须要生成关于自身概况、产品信息的关键字，并将这一列表提供给互联网合作方，便于用户找到你。

第三步，做好广告定位

广告定位可以分为内容上和表现形式上，内容方面，商家要仔细策划与营销密切相关的广告内容，表现形式上，可以是在用户的搜索选项当中直接置顶出现，也可以是悬浮窗口、新建弹出页面等，根据企业的实际状况和具体要求而定。

移动广告术语使用二：CPM，每千次花费营销模式

CPM与PPC有些类似，都是指利用互联网平台而实现的商家点击付费模式。不同的是，无论是从数量上还是涵盖范围上，CPM都要超过PPC。

按照访问人次进行收费的模式，已经成为移动广告平台的惯例。CPM指的是广告投放过程中，通过点击浏览了广告页面的每一千个用户平均分担到的广告成本，也就是千人成本。千人成本没有PPC划分的那么详细，但是对于企业对营销大局观的把握有很大的帮助。

在移动广告平台上，CPM的数量价格取决于用户对于企业广告的发现和认知，简单地说，就是指一个人在一段时间内浏览一个广告的次数。例如一个内置广告横幅，商家提供的单价是1元/CPM，就说明每一千个用户看到这个广告的话就要收费1元。

至于每CPM的详细收费，就要根据以手机应用的热门程度来划分价格。比如一些浏览量大、下载次数多的软件，费用就会相对较高。国际惯例是每CPM收费从5～200美元不等，要看平台的规模、人气和广告效果。

虽然CPM广告在国内目前还处于起步阶段，而且很多广告主并不乐意接受这种广告形式，因为很多情况下商家的移动广告不需要提供给第三方资金。但是CPM的确有自己独特的优势。

CPM广告具有很强的灵活性。**商家利用CPM成本的可控性特征，完全可以实行精确控制预算的手段**。同时，CPM还具有刊发时间可控、刊发数量可控等优势，这也使得其手段非常灵活，能够随时根据企业自身的营销步骤进行调整。

以MSN中国的广告为例，他们在网站首页展示的图片采用的就是CPM广告模式。MSN的收费较高，大概在50元/CPM。商家通过网站合作平台，在这个后台中商家可以自行选择广告的投放数量，也可以根据情况指定广告的投放时间。但是这种可控性是要付出加收10%费用为代价的。如果不指定

投放时间的话，商家的广告会在24小时内被在指定位置随机出现。

从长远的角度考虑来看，尽管CPM还有很多不足，费用对于一些广告主来说也偏高，但是随着时间的发展，商家会发现这一付费广告模式能带来的效益往往是最好的，也是最官方的移动广告类型之一。

移动广告术语使用三：ECPM，有效千次话费营销模式

ECPM（Effective Cost Per Mille）比起前面两者来，又有了很大的不同了，最大的区别就在于ECPM指的不仅仅是每一千次广告展示可以获得的收入，也代表着这一千个展示次数都是真实有效的，也就是能够被用户完整的浏览过，这些付费才是有价值的。

ECPM展示的媒介可以是网页、搜索引擎的广告单元，甚至是单个广告页面。一般来说，ECPM指的都是千次网页展示带来的收入，值得一提的是，ECPM只是用来反映网站盈利能力的数据，并不代表能给企业带来的实际收入。

那么，ECPM在实际的广告投放、营销战略、数据的收集和统计中，又有什么具体的作用呢？来看下面三组公式：

ECPM=收入/网页展示次数×1000

收入=广告单价×网页点击率×网页展示次数

ECPM=广告单价×网页点击率×1000

从这些公式中就能看出，ECPM是一个与网页展示次数无直接关系的指标。它是由平均广告的单价和广告的点击率来决定的，也正是因为如此，才要在最后乘以1000，以示该数据是真实有效的。

广告的单价会根据网站质量、网页内容、广告效果等因素的变化而发生变化，但是无论怎么变，都不会让商家亏本，因为每次有效点击都是商家广告成功的体现，所以无需在意广告单价，只要网站信得过、覆盖面广，就能起到商家想要的作用。

那么，商家该如何提高网页的ECPM呢？

首先，网页要有足够的流量和足够的点击，这是ECPM的前提条件

如果一家网站每天的点击数低于100，那么在这一网站的合作就没有什么必要了。所以商家要去尽力寻找一些已经有了不错的流量的网站合作，哪

怕是广告的单价要价稍高一些，也是物超所值的。

其次，要提高网站的总体流量

网站的流量想要提高，就必须有足够的网民被吸引来浏览。常见的手段有使用SEO优化等方法，来提高网站的整体流量和广告栏位。还有就是与搜索引擎合作，比如百度，网站商家支付一定的资金，就能设置网站的优先级，让你的网站始终在同类搜索中置顶，效果绝对出色。

再次，想方设法提升网站的点击率

广告并不是越多效果越好，但是点击率确实硬数据，点击率越高的网站，营销的效果就越好。点击率低的广告如果频繁出现在用户的眼前，则有可能起到反效果，降低整个网站的ECPM。用户只会点击感兴趣的广告，将垃圾广告的域名都加入黑名单，所以对于商家来说，重要的就是控制广告显示内容，不做低点击率的泛滥广告。

经过上述这些整体优化，企业的ECPM必然会有所提高。相应地，广告的营销效果也会慢慢有所提高。这并不是一个短时间内就能完成的过程，而需要一定的运作周期，一般至少也要在一周到一个月的时间才能完全显示出整体的优化效果，所以商家不需要着急。

移动广告术语使用四：CTR，点击率营销模式

CTR（Click Through Rate）互联网广告的常用术语，是指网页的广告点击率。CTR相较于前面三项，是一种广义上的营销模式，宽泛地指点击率来做营销，并不一定要是有效浏览，但一定要有点击的存在才能产生效应，是衡量互联网广告、移动广告效果的一项重要指标。

用户在搜索引擎中输入关键词后，点击进行搜索，然后会按照一定的排列顺序把相关的网页排列出来，然后再根据用户自身的兴趣和需要点击进入网站。这种搜索网站的过程所产生的总次数就被称作总次数，而用户点击进入网站的次数就叫做点击，点击数占总次数的比例就叫点击率。

点击率的高低决定了一个网站的质量高低，也代表着该网站是否拥有营销和投入广告的价值。点击率较低的网站，不管网站排名多么的靠前，用户都不会选择点击进入。因为点击率代表着最广大用户的基本意见和态度，低点击率就说明该网站不具备满足用户需求的能力，或者是网站的运营本身存在一些问题。

点击率的计算有这么一个公式：**CTR=点击量/总展示量**

也就是说，光是有展示量是不够的，因为同类型的网站太多了，如果企业的网站不显山不露水，很少会有点击量，这也导致了网站点击率不高。

很多商家都纳闷——为什么自己的网站和广告的点击率就是上不去呢？明明自己已经按照正常的操作步骤去完成了。点击量过小时，一般是由很多种原因造成的，企业应该根据自身的条件发现原因，并且及时作出调整。

原因之一是总展示量低

总展示量上不去，这样点击数自然也小了。总展示量过低，说明用户在同类搜索的需求较少，所以自然就不会有太多的关注。也就是说明推广的结果展现在潜在用户面前的机会太少了。针对这一情况，商家可以通过拓展关键词（与搜索引擎合作）来提高总展示量，这样一来就提高了移动广告展现

在用户面前的机会。

原因之二是总展示量高，但是点击数小，造成点击率偏低

这完全是商家自身的问题造成的，用户不知道企业的产品和品牌，只能说明商家的前期推广不到位。点击率的偏低，说明了商家提供给网站和搜索引擎的关键词，与其提供的真实信息的相关性不高，所以用户搜索不到自己想要的结果，自然无法满足其需求。这样，点击数量和点击率提高不了也可以解释了。所以，商家可以重新提供关键词，来提高关键词与广告信息的相关性，对提高点击率是有一定的帮助的。例如，商家购买了“葡萄”的相关关键词，但是用户在搜索“葡萄牙”的时候，推广结果也可能会错误的出现。这种推广结果就是无效的展现，因为出现的结果是用户所不需要的，广告的信息就没有展现在用户面前。针对这种情况，企业需要采用“否定匹配”模式，将“葡萄牙”这一关键词设置为否定匹配。这样一来，用户在搜索“葡萄牙”时，商家的“葡萄”相关的搜索结果就不会展现出来，就降低了无效展现的风险。

原因之三是网站的排名低

点击率的偏低也可能是网站的平均排名较低造成的，因为排名低就说明网站乃至商家不具有竞争力（至少在客户眼中就是如此）。**商家可以利用费用的可控性，来调高平均点击价格，这样一来排名就会相对提高**。网站的排名虽然并不是最重要的影响因素，但也是不可忽视的。

移动广告类型一：移动横幅展示

移动横幅展示是目前的商家常用的营销方式之一，这种方式也是主要的移动广告类型之一。

移动横幅展示与传统的网络横幅类似，只不过展示的平台从互联网过度到了移动网络上。用户在点击广告后，会被该链接将页面跳转到一个特定的广告页面，这就是移动横幅的全部流程。

移动横幅通常以CPM的方式进行销售，因为它可以最直接有效地同用户接触，覆盖面也能做到最广。移动网站在其网站显示商家的移动广告，就等于是将自身、运营商、商家、媒介公司绑在了一个营销产业链上，每一个单位都能通过展示获得一定的报酬。这就使得这一产业链不断发展和成熟。

移动广告的横幅展示还包含在游戏和其他类型的移动应用中，在各种页面中进行展示。可以说，任何一个移动产品都有成为横幅的覆盖内容的可能。

移动横幅广告具有几个优势，是其生存和发展的基础。

作为嵌入型广告时，隐蔽性强。很多横幅广告虽然做的非常醒目，但是其效果却是隐蔽的，比如某游戏中的广告，整个画面可能都是广告内容，但是其中画面风格等是以游戏为主题的，就不容易引起用户的反感。

作为直接广告时，有很强的视觉效果。顾名思义，移动横幅广告和现实生活中的悬挂横幅是一样的，意思是占据大篇幅甚至是整页面的广告，这种广告给人的第一印象就是大气、恢弘，能够在第一时间引起用户的注意，从而有兴趣去浏览其详细信息。

可以覆盖的站点多，应用广泛。横幅广告作为一种常见的移动广告形式，可以被直接用在网站的推广当中，因此不论是互联网平台还是移动网络平台，横幅广告都是非常普遍的。

移动广告类型二：移动付费点击

另外一种类型的移动广告——移动付费点击广告则是一种类似于传统付费点击广告的移动广告。

在作用方面，移动付费点击广告看上去没有移动横幅广告那么张扬和显眼，但是其起到的作用丝毫不比后者差，甚至可以说是企业做移动营销的基石也不为过。

移动付费点击广告看上去与移动PPC广告并没有太大的实质上的区别，只是将广告的媒介从互联网电脑上搬到了移动手机上。但是其中要注意的事项其实还要超过互联网的PPC广告。

商家要了解移动付费点击广告的基本形式。移动付费点击广告通过文本、图片等广告形式展示，用户在搜索引擎中录入相关的关键词，按照一定的排序，商家的移动付费点击广告就会出现在用户面前，而只要用户点击进入网站或者广告页面，就等于是给企业的移动付费点击广告创造了一个点击流量。也就是说，只有用户点击了广告或网站，商家才会承担相应的费用。

但同时，这也意味着这一广告的推广是真实有效的，对于商家是一个好消息。所以，移动付费点击广告的数据往往是评估企业移动广告质量的标准之一，这一数据的重要性就可见一斑了。

移动广告类型三：移动待机屏幕

移动待机屏幕广告是最新的移动广告形式之一。有别于其他移动广告的是，移动待机屏幕广告不需要用户自己去搜索或者是录入，在用户在等待一个页面、下载应用程序或者是手机进入待机状态下这几种情况发生时，移动待机屏幕广告就会突然出现，吸引用户的注意力。

特征一、主动性强大。移动待机屏幕广告可以说是移动广告主动出击、锁定客户的典范，它的出现不需要用户进行相关的操作，但是用户可以根据自己的喜好和需要，决定是否进入该广告进行查看。

特征二、出现时间短。移动待机屏幕广告的出现具有不确定性，所以很容易被用户归类为垃圾信息或者是对隐私的侵犯。正因为如此，移动待机屏幕广告必须要合理控制时间，一般呈现几秒，让用户大致了解内容之后就必须主动消失，否则很容易遭到用户的反感甚至是举报。

特征三、与系统信息紧密关联。这一点与iPhone的信息推送功能有些类似，智能手机中，同样存在将商家信息与系统消息结合起来的情况。用户的待机界面就是系统提供的，而移动待机屏幕广告能够与待机界面同时存在，本身就是系统与商家紧密结合的一种体现。

商家在利用这种广告的时候，必须注意移动待机屏幕广告内容的合理性和新奇性，否则不但无法吸引用户，还会招致反感和抵触。

移动广告类型四：移动联盟

移动联盟广告是商家与网络平台站在同一阵线的最好体现。

移动联盟广告中，之所以被称作“联盟”，是因为其“盟友”涵盖了一家企业营销过程中所要涉及的所有产业：包括商家本身、运营商、软件开发商、网络服务商、网站管理者、媒体平台、搜索引擎等，都是其中的一员。

在本着利益均沾这一原则的前提下，无论是其中的哪一个利益方，都会愿意为商家的广告做到最好——只有商家愿意投资移动联盟广告，运营商和网络服务商才有利可图，商家的利益好了，媒体平台、搜索引擎、网站管理这些方面也都能取得良好的收益，软件开发商就有活可接，点击率自然也就高了，商家的营销效果自然也就上去了。

移动联盟广告不仅需要商家确定相应的投放价格和投放规则，也要为其服务的其他运营商、网站管理者等为商家提供展示位置和搜索查询服务。这样一来，移动联盟广告不仅可以有文字或图片形式这样的展示，也能拥有多平台、多网站的综合展示能力，范围覆盖的广，营销宣传的效果就能得到提高。

值得注意的是，商家的移动联盟广告，由于网站的分布比较广，涉及的网站很多，所以移动联盟广告一般会由网络运营商代为运营，而不是企业亲自来完成。

移动广告给力技巧一：与客户群建立信任关系

移动广告的使用，不能仅仅是投入一定的精力来群发短信、邮件，或者是在网站发布一些广告就可以了的，还必须注重一些广告技巧，否则不足以博得用户的喜爱和信任，前期的努力自然就白费了。

有的商家在这方面做得很好，通过努力与顾客取得良好的联系后，确立了相互信任的营销关系。这样的情况下，对于企业的好处是非常大的。

互相信任可以促进前期营销宣传。一旦客户对于企业产生信任感，就等于是认可了上一阶段企业的移动广告的效果，也就是认可了企业的宣传和营销，这对于企业来说是一个好消息。无论是用户对于下阶段的移动广告的接受，还是对于其产品的关注度，无疑都会更进一步，企业的广告效果也就会更好。

信任可以提高用户向消费者的转化率。只有信任才会产生交易，如果用户对商家信任，就是对于其品牌价值的信任，在选择购买产品的时候就会产生一定的倾向性，这对于企业的销售无疑是一个好消息，用户转化为真实消费者的概率自然也就大大上升了。

信任能够帮助企业形成一批忠实客户群。如果客户在购买了企业的产品后产生了良好的反馈，就说明顾客对于其产品是满意的，与其再去考核另外一家企业的产品和口碑，很多顾客会选择下次依旧在该商家处购买产品，也就成为了该企业的忠实客户了。

那么，商家该如何努力，来建立起双方的互相信任呢？

要让顾客信任商家，商家就必须先信任顾客。商家要相信顾客的购买力和购买决心，不能单纯的凭借前期的客户群划分而放弃部分客户，否则可能会造成不必要的订单流失。

移动广告的一大优势，就在于其即时性。因此，**商家不管是采取群发短信还是其他的移动广告手段时，都要争取不求最好、但求最快，用户往往最**

重视的就是他们第一时间收到的信息，因为这代表商家有足够的市场洞察力和相当的业务水平。

注重营销内容的真实性、有效性。信任的源头就是真实，商家绝对不能作虚假广告，否则骗了用户一次，就不用再妄图下一次还能取得收益了。因此，移动广告的内容必须是真实有效的，要客观地展示企业及其产品信息，让顾客自己做出判断。

监控的同时必须保护客户的隐私。现在有很多商家在通过各种渠道获取用户的信息之后，虽然用户监测的效果有了，但是他们在营销之后往往会把这些信息出卖给其他机构，这就是不尊重用户隐私的表现，一旦用户得知，不仅企业的营销做不下去了，口碑也会受到极大的影响，移动广告反而会起反作用。

移动广告给力技巧二：动听开场白赢得人心

早在20世纪“营销”这一名词诞生时，开场白就被很多业务员所重视，因为一个动听的开场白，完全可以改变企业在用户心目中的形象，形象改变了，客户的态度自然就发生转变，营销就等于成功了一半。

移动广告同样要注重开场白的效果，即便表现形式已经从面对面的口才展示发展成了远程宣传，但是开场白的作用不减反增，这就是语言的魅力所在。

企业想要让自己的广告开场白变得更加动听，就必须将一则移动广告拆开来看，将每一个环节具体分析。

称谓问题。不管是哪一个客户，正确的称谓都能让他们身心愉悦。例如，某企业发送给客户的短信广告中，不管对象是谁都是按“先生（女士）”这样称呼，就会有顾客心生不满——连客户的性别都没弄清楚就发广告，这样的商家能靠得住吗？于是，看都不看内容就把短信删除了。

问候语。礼貌问题是商家在广告开场白中必须要注意的，哪怕是素未谋面的客户，也要把礼节做足。一句简单的“尊敬的用户您好……”，虽然普通，但是没有丝毫纰漏和破绽，让人心里产生认同感的时候，也有了一定的耐心去看之后的内容。因此，礼貌的问候语属于“不求有功但求无过”的典范了，是必不可少的。

对企业的简单介绍。开场白中必须对企业自身有一定的介绍，否则用户看了半天广告，结果还不知道是哪家企业发布的，广告的效果就大打折扣了。这段**介绍必须提到企业名称和品牌价值，但要务求简短**，不能让人看的不耐烦。

产品信息。产品信息是移动广告的主要内容，当然要放在开场白中介绍。但是，在介绍产品的时候，销售的欲望不能通过文字表现的太过明显，否则用户一听是要花钱，抵触心理就油然而生了。产品信息介绍同样要简洁。

活动内容。活动内容是开场白中唯一一个可以占据大篇幅的部分，因为移动广告中主要就是依靠活动来吸引客户的。比如某商家广告中是鼓励用户购买产品，参与有奖征集企业广告语活动，那么就必须将活动起止日期、活动奖项设置、奖品情况、参与方法等全部详细地列出，才能让顾客认为活动是真实有效的。

这些虽然不是一个优秀的开场白的全部因素，但是只要做到上述几点，至少能够保证顾客能耐心看完整条广告，并且不会产生太多的抵触，这就是一条开场白的魅力所在——有时候，它甚至能够成为营销成功的关键。

移动广告给力技巧三：会提问题，做好脚本

移动广告中，有一种形式非常受到商家和消费者的欢迎，那就是“自问自答”的广告形式。

这些问题，有很多都是企业综合一些收集来的消费者咨询和反馈的意见编写而成的，也有很多是企业直接根据自身品牌、产品和服务而编撰的。

至于解答，则是企业根据自身的情况和一些实际的解决方案设计而成的，既能解决消费者心中的疑问，又能顺带起到广告效果。

自问自答的广告形式一般是以企业“答记者问”的形式出现的，或者是干脆列出一问一答的Q（Question）和A（Answer），一上一下，当中是问题和解答的内容，分别交替出现。这些都是比较常见的表现形式。

看起来就像是现场回答问题一样的广告，既能吸引用户的注意，又能消除用户对于企业和产品的一些疑虑，所以是一个双向交流的过程，省去了售前咨询、售后服务的很多步骤，也为营销做好了铺垫。

而这些问题和答案，一般都是商家是些准备好的“脚本”，才能从容地一一解答。那么，商家该如何制作这些脚本呢？又或者说，商家该怎么样提出消费者心中所想的那些问题呢？

做消费者肚子里的蛔虫，就必须进行事先的数据收集。收据收集有很多种方法，如网络有奖调查、抽样调查、问卷调查、走访用户等，都是收集用户反馈的良好途径。通过这些调查，企业可以收集到来自顾客的很多问题，而在这些问题中，企业要选择那些出现频率高、针对性强、便于解答的，最后再在移动广告中以自问自答的形式集中展示出来，既省时又省力。

同时，**这些问题还要与企业自身和其产品息息相关**。用户想要了解的不是商家在广告中所自夸有多么好，而是商家的真正实力、品牌价值和市场竞争力。同时，他们还想知道自己所要购买的产品的详细信息，才能放心购买。有心的商家就会在提问及解答的时候解决这些问题，有些聪明的商家甚至自爆其产品的一些“小瑕疵”，从而取得更强的真实感，赢得顾客的信任。

移动广告给力技巧四：接收反馈，倾听客户心声

商家必须知道，移动广告并不是只是发送出去就完事了的，这一点在任何营销模式中都是一样的，商家还必须接收用户的反馈，了解客户的心声。

其实，移动营销在接收反馈这一方面，是具有先天的优势的。

移动广告无论是发送还是接收，对于企业和用户来说都不是一件难事，这是手机的便携性和消息的即时性决定的，因此，做移动营销和移动广告的商家，就更应该注重接收用户的反馈了。

如中国移动的客服热线10086，在用户咨询完人工台以后，就会立刻发送一条短信到用户的手机上——“尊敬的客户您好，请您为人工服务评分，回复编号代表您的满意度。”用户一般也都会回复的，毕竟回复是免费的，而且花不了几秒钟。

接收用户的反馈非常重要，如下：

重要性一、收集用户的反馈说明企业重视用户

如果一家企业在做完广告、售出产品后就对顾客不管不问了，那么这家企业的售后服务和品牌价值就是值得怀疑的。只有企业积极地收集用户的意见反馈，哪怕是用户没有时间或者意愿回复，他都能体会到企业对他的尊重和在乎，用户“被在乎”了，自然就会对企业萌生好感。

重要性二、用户的反馈有助于用户监测

从用户的反馈信息中，企业很容易就能获得一些用户的地理位置、所处人群、职业等信息，利用这些信息，企业就能对用户进行实时监测，从而有助于下阶段的广告派发和前期营销。

重要性三、良好的反馈能够树立起企业的品牌效应

或许一个两个好评不足以让企业出名，但是当好评如潮的时候，企业良好的口碑自然就会在消费者当中竖立起来，企业的影响力自然就会有所提高。**即便是有时候用户的反馈是负面的，也有助于企业发现自身问题，从而**

自我改进。

那企业该如何有效地收集用户的反馈呢?

最简单有效的方法，就是利用活动来吸引客户。有很多消费者不参与到反馈中来，是出于对广告的反感，但是更多的则是懒得回、省短信费。在这种情况下，企业的活动就非常管用了，哪怕仅仅是一次简单的抽奖机会，用户们也很乐意回复一条短信的。

企业还可以设置相关的短信客服和电话客服工作人员，对于顾客反映的一些情况和问题，要及时的加以解决和解答。在交流的过程中，顾客总会透露出一些关于企业及其产品的看法，而这些看法就是反馈。

第17章　基于位置点的促销营销专案

在做促销营销的时候，给移动营销提供最大便利的就是数据库所收集到的客户信息的汇总。这些信息中，最重要的不是客户的职业、年龄段等，而是他们所处的位置。

位置是一个人的最基本信息，商家可以利用这一信息，明确客户群的具体分布，从而实现客户群的划分，然后针对每一个地区的客户分别进行营销。

这样的营销手段，不仅帮助企业的客户定位更加明确，也使得营销的区域化明显加强，有了区域化、本土化，就会让当地的消费者产生一种认同感，营销的效果自然就会比普通的“一把抓”要好得多。

利用顾客位置点做精准营销

精准营销是建立在精准定位的基础上，也就是现在流行的GPS定位和客户定位基础上实现的。同时，精准营销依托现代信息技术手段，以此来建立个性化的顾客沟通服务体系。

精准营销可以帮助企业实现精打细算的低成本扩张营销，也就是说，精准营销是营销理念中的核心观点之一，企业必须做到，才不会造成资源的浪费。企业自身也需要更精准可靠、可以度量的营销沟通，来博取高额的投资回报。

在实施精准营销的过程中，商家需要营销传播的计划，计划中要更注重营销结果和行动的具体细节问题。**可以说，精准营销的概念是以沟通来完成的，所以商家与用户的沟通就成了关键环节**。

精准营销，简单地说就是通过可量化的定位技术，来对于市场、客户进行精准的定位，从而突破传统营销定位的局限性，实现不仅能给企业的营销定性，还能给企业的营销对象、营销内容做出准确的定位。

精准营销是要借助先进的数据库技术的，同时，网络通信技术和现代的物流技术等后勤保障手段必须准备充足，才能做到与顾客的长期个性化沟通。这样一来，商家才能使营销达到可度量、可调控这一精准的要求。

传统广告的沟通是建立在高成本束缚的基础上的，精准营销则不然，**企业完全可以利用一些网络技术与高科技工具来使企业快速增长的成本降到最低**。精准营销的最终目的就是要保持企业和客户的密切互动沟通，这样就能让不断满足客户的个性需求。用户的需求不断被满足，建立稳定的企业忠实顾客群也并非难事，从而实现企业持久的发展。

精准营销与现代物流又有什么关系呢?

可以说，物流是企业与用户直接的血管，不仅能使企业摆脱复杂的中间渠道，也能帮助企业摆脱传统营销模块中，对于营销组织机构的依赖。这样一来，不仅极大地节省了企业的人力物力，也实现了对于用户的一对一的个性关怀，并且降低了营销的成本。

用什么办法去吸引客户?

现在可用的网络推广方式太多了，并且每一种都可以达到一定的效果，但如果企业全面投入其中，除非公司极具实力且运气极好，又或者只是推广一下企业形象。推广的方式选择是要吸引目标客户，所以推广方式一定要精选一两种方式，集中精力、人力和财力重点突击，只有等到现有的方式达到预期效果并能保持后，才考虑适当加入新的其他方式。

在精准营销的过程中，怎么样才能与客户建立有效地联系和沟通？怎么样让客户决定选择商家?

通过前期营销，可以说是企业的品牌已经被用户得知了，其产品和服务的信息也传递到目标客户那里，接下来要做的就是向用户证明了。证明的内容有很多，首先就是要证明自身的品牌价值是独一无二的，企业网站和广告的点击率也是超过竞争对手的，这些都从正面证明了企业的营销本身并不逊色于其他人。接下来，就要告诉客户商家的产品和服务绝对是同行业中最好、性价比最高的、售后服务最好的。同时，向客户证明公司信誉良好也非常重要，因为任何顾客想要依赖的都是口碑良好的企业。有了这些证明，就能让客户下定决心选择企业的产品和服务。

但这还不是企业营销的最终目的。用户的信任并不能代表他们就会购买，企业还需要确保购买率。精准营销就是如此，通过网络营销、物流串联，及时和迅速地收集客户的反馈、变化和意见建议，是非常重要的。企业要根据相关的反馈信息，改进自身，提供更多、更好的产品和服务，才能吸引更多的客户前来购买，进而形成公司的品牌价值，才能将精准营销的效果长期地延续下去，回头率和推荐率才有了保障。

打造顾客忠诚度的营销专案

客户忠诚度也被称作客户黏度，是指客户对某一特定品牌及其产品和服务产生了好感之后，形成了“依附性”偏好，从而在以后的消费中带有一定的偏向性，偏好购买该品牌的产品和服务，并且让重复购买成为一种趋势。总体来说，客户忠诚就是指顾客在进行购买决策时，多次、持续表现出来的对某企业的产品、服务和品牌有偏向性购买行为。

客户忠诚度早在20世纪70、80年代之间就已经被提出，其核心精神就是建立一个拥有极高忠诚度的客户群，从而实现企业的持久性盈利。

而想要建立起客户的忠诚度，企业就必须竭尽所能让客户满意，企业必须以满足客户的需求和期望为目标，并且有效地消除顾客的购买前的顾虑心理和预防客户购买后的抱怨和投诉。这两者结合起来，就能不断提高客户满意度，从而使一部分顾客对企业忠诚。这种忠诚度其实也是双向的，是在企业与客户之间建立起一种相互信任的关系，而这种关系也是以有效的沟通作为前提和基础的。

忠诚度的建立对企业来说有着什么样的好处呢?

好处一、有利于企业核心竞争力的形成

企业不是一两轮营销做得好就有竞争力了，而是必须长久的占据市场、占据客户群，持续盈利才可以被称作有竞争力。而在这个以人为本的营销世界中，**客户可以说就是企业的核心竞争力——谁手上攥有的忠实客户群多，谁的市场份额就大**。

好处二、对企业的营销流程会产生重大的影响

一旦企业的忠实客户群产生并且稳定下来，那么企业的营销重心必定会有所倾斜。比如说在新一轮的营销中，企业就可以将更多的精力放在新用户的开发上，至于重视的客户，不会因为企业的营销侧罗转变而轻易对企业失望，所以企业必须抓住这一机会，对营销流程进行一定的改进。

好处三、忠实客户有利于提高企业员工的凝聚力

这看起来与忠实客户群没有什么关系，但实际上，忠实客户群的建立，就让企业的员工有更多的时间来进行其他业务的操作，尤其是在进行团队合作的任务时，这种凝聚力也更容易磨合出来。

客户忠诚指的是客户对于企业的品牌价值、产品或服务产生的一种倾向性很强的情绪，它主要通过客户的认知（情感）忠诚、购买忠诚和意识忠诚这三点表现出来。

认知（情感）忠诚表现为客户对企业的品牌价值、营销行为的一种认同感。**购买忠诚**表现为客户在再次购买同类产品时，会优先选择该企业的产品和服务，重复购买力很强。而**意识忠诚**则体现为客户对企业的产品和服务表现出的未来购买意向。

由情感、行为和意识这三点结合起来，就是用户对于企业的忠诚度，反映了企业在未来经营活动中所具有的核心竞争力。

忠诚的客户可以说是企业最有价值的顾客，他们很少会因为自身或企业的原因而影响到自己的购买心理，所以他们是企业利润的主要来源之一。而忠诚客户的小幅度增加，也会使得利润的大幅度增加，因为客户也是一个独立的营销媒介，他们会向朋友叙述成功的购买经历，从而为企业带来更多潜在客户。

建立客户忠诚度的关键因素有四点，可以说是缺一不可，只有这四点并存的时候，才能说该企业的客户管理和客户忠诚度的培养是非常成功的。

产品和服务的质量。产品的质量是企业获得客户青睐的前提条件，只有企业的产品质量、服务水平、技术能力得到消费者的认可，才能为忠实客户群的建立打下坚实的基础。否则企业赖以为生的产品、服务的质量不过关，哪怕是费尽口舌也必将是无人问津的。

企业的服务效果。服务效果就是企业所能够提供的服务质量的最好体现，企业能让客户内心感受到满足，满足了他们在物质上和心理上的需求，就会让顾客对企业产生一定的好感，为之后的购买埋下伏笔。

企业与客户关系的维系。企业不能仅将自身的产品和服务推出去之后就对顾客不管不顾了，相反，这层客户关系是企业必须维护好的。**企业可以通过积极有效的互动，来搭建与顾客沟通的桥梁**。

企业对顾客理念的灌输。**三流企业靠销量，二流企业靠品牌，一流企业靠理念**。**而实际上，作为一家优秀的企业，是三者都要兼顾的**。企业要不断地用自身的文化、理念去感染顾客，让他们对企业的理念和品牌产生认同感，才能进一步抓住顾客的心。

第18章　整合定天下

随着互联网的发展日渐深入，很多商家就此认为，只有线上宣传才承担着主要角色。但实际上，企业只有将线上宣传和线下销售结合起来，进行综合运营，才能够达到优势互补的效果。

商家如何才能够做到线上宣传和线下销售优势互补呢？本章节中，我就会详细介绍这两者的辩证关系以及互补的具体应用。

整合好线上营销和线下营销好处有很多：

好处一、由于参与的人数众多，无论用户能否成为企业客户，但通过广大用户的参与，能让用户更多了解企业，从而对企业品牌价值、产品以及服务等产生更多更广的认知。

好处二、用户直接给网站带来了流量和销售——整合之后，销售和潜在的商机都大大超过了之前企业独立运营所带来的利益。

好处三、整合能够有效提升广告投入的效果。通过线下媒体和线上营销结合的方式，能够让商家清楚地知道哪些地方花费了不该花的钱，从而在下阶段的营销中注重对成本的控制。

整合线上宣传和线下销售各自优势都很明显，整合线上线下营销就成了一个势在必行的事情。整合线上营销和线下营销有以下几个方法：

方法一、在网络上建立一个独立网站，在该网站上设立独立的统计功能和用户注册登录功能。这样一来，就能让商家知道广告的效果，同时能够有效地收集用户信息。

方法二、将企业的线上线下整合信息发布到网上，让更多用户参与其中，促进商家进一步发展，加快整合步伐。

总而言之，线上线下整合的过程中最重要的一点就是信息的一致性，不能出现偏差。正是通过上面的线上营销和线下营销方式，给企业带来相对多的利益，避免资源浪费。

线上线下整合要点一：以榜样为学习目标

企业要做的就是观察其他已经成功转型的企业是如何做到成功整合的，以此为榜样，则可以少走很多弯路。

企业做好产品的生产。企业产品代表的是企业形象，质量就是一切，只有企业把产品做好了，才能得到广大消费者的肯定，企业产品也就会在消费者人群中形成宣传效应。消费者希望买到质优价廉的产品，这就意味着一旦购买成功，就会产生一传十十传百的宣传效果。形成了消费者对企业品牌的认同，企业的整合就能够取得良好开端。

企业可在网络等媒体上进行宣传。一些影响力较大的媒体很关注企业的整合问题。这就是榜样效应所能带来的好处了，有了媒体的推动，能够加快线上线下整合的步伐，从而推进产业结构的调整。

学习榜样的力量，企业设置线上线下整合的具体方案。在不影响企业品牌宣传的前提下，从消费群体着手，对消费者宣传和交流手段的改变，很容易影响到企业的口碑传播。企业要将亲民和利民路线走到底。**万事开头难，消费者只要接受了企业的整合模式，就等于接受的企业品牌本身及其产品和服务，从而形成稳定的客源**。

线上线下整合要点二：保持渠道平衡

大多数企业在涉足线上线下营销整合的过程中，总会遇到一个关键的问题，那就是如何管理好线上与线下的货品和渠道。商家应该充分借鉴线下经验，并利用电子商务营销的优势和特点，将自身的货品、渠道、物流等环节结合到一起，这种系统化的结合就是整合。

这当中最重要的整合手段就是渠道的整合，只有将其转化为全渠道运营，企业的营销整合才能说是成功了。

网络渠道和线下渠道面向的客户群具有重叠性。重叠性是形成渠道抵触的根源所在。除非网上卖的产品和线下渠道销售的产品是完全不同的，面对的消费者是完全区隔开的，否则这种渠道的冲突必将存在。

新兴网络渠道是对传统渠道的革新，这也就导致了传统渠道对网络渠道怀有的深深敌意。例如，专卖店的渠道和一些大商场的专柜渠道肯定存在着竞争关系，网络渠道作为新兴的渠道形式，对传统渠道的挤压必然存在，也无法避免。这就是线上宣传和线下销售直接冲突导致的。

由互联网的便利性带来的价格冲突，是线下渠道与线上渠道冲突的实质所在。

商家经过网络渠道，在销售产品的同时，即便销量不佳，对产品和企业的品牌也没有什么坏处。从这方面来看，网络渠道正面协助了线下渠道。但为什么线下渠道却对网络渠道持厌恶情感？实质在于，网络渠道销售的产品不存在物流和仓储成本，无需支付昂贵的营销成本。线下销售就不一样了，除了承担这种成本之外，还担负着产品销售不出去、利益亏损等风险。

作为线上线下整合的第一步，商家应该如何破解以网络渠道为首的新兴商业渠道对线下渠道的抵触，以及线下渠道对于网络渠道的反感呢？

只有线上和线下互补共存的时候，才能发挥出销售的最大优势。在处理网络渠道和线下渠道的冲突时，**要创造出一个包括网络渠道在内的新兴渠道与线下渠道共生的路径，**才能做到两者的整合。随着社会的变迁，新兴商业渠道有着向线下渠道发展的苗头，线下渠道也有向线上渠道靠近的趋势。例如，淘宝网就属于标准的线上网络渠道，但即便是强大的淘宝网，也在寻求新的出路，建立自己的联合渠道，从而节约大量成本，以积极应对物流、仓管等开销较大的支出。**线上线下的整合是大势所趋，只有所有渠道并存的时候，两者的优势才能形成互补，不至被时代所淘汰。**

线上线下整合要点三：搭建以消费者为中心的官网

线上宣传和线下销售必须要及时完成整合，这要求两者必须处于一种平衡的状态。而在这当中，线上宣传的核心无疑就是企业官网。企业官网作为集企业动态、企业广告、产品信息、服务平台为一体的线上服务平台，是线上服务最重要的手段，也就是说把官网做好，对线上宣传乃至整个营销都有巨大的作用。

在这个以人为本、以客户为中心的营销时代，企业官网也必须将这一理念发挥到极致，才能博得消费者的好感，建立企业的正面形象，树立良好的口碑，才能帮助企业实现从用户到客户再到消费者的转化过程。建立以客户为中心的官网的好处有以下一些:

第一、这样的企业无疑具备很强的亲和力，而亲和力在关键时刻，完全可以向竞争力发生转变。试想，在其他企业都只是在循规蹈矩地在网上做营销时，而一家企业却能够在官网上和消费者打成一片，在他们选择购买产品、服务的时候，就会具有很明确的倾向性了。

第二、建立有效的沟通，轻松得到用户反馈。只要消费者真心信任一家企业，企业必然能够与之取得有效沟通。例如，在销售之后，很多企业都会调查一些顾客的消费感受以及对企业本身及其产品的看法。有的企业与消费者没有建立起这种联系，就鲜有消费者愿意花时间填企业的问卷，连短信懒得看就删掉了。而与消费者建立了良好关系的企业，有时候甚至无需主动询问，消费者就会将此次的消费情况反馈给企业，有利于企业资料库的建立，以及对自身存在问题的改进。

企业该如何建立起一个以客户为核心的官网呢？最重要的一点，即**企业必须拥有一套完整的网站在线运营、服务的体系，才能更好地为消费者提供服务**。

各体系名称	具体说明
信息发布体系	企业所发布的信息不需要是最快的、最全的，但是必须要是最真实的 在定期发布的产品信息、优惠降价、活动通知的时候，不能带有虚假信息的成分
售前咨询体系	与消费者直接接触的体系之一，良好的售前咨询做支撑，才能给用户答疑解惑，从而消除其购买的顾虑，与企业取得良好的联系
售后服务体系	购买出现问题（一般是产品质量问题等），及时解决消费者的问题，并满足他们的合理要求 需要退换货物，则需要第一时间联系物流，完成退换工作

这三大体系，并称为企业官网的核心体系，也正是这三大体系同时发力，均贯彻了以客户为核心的思想。

线上线下整合要点四：与商家互相沟通，避免各自为战

商家做营销并不是孤军奋战，而是身处一个巨大的营销产业链中，这一产业链关系到各方面利益，想将营销真正进行到底，就必须让各环节都能享受到营销带来的好处。

比如之前讲到的移动营销，包括商家、运营商、软件开发商、网络服务商、网站管理者、媒体平台、搜索引擎等，都是营销产业链的一员。这些都只是线上宣传的环节，在线下销售的过程中，涉及物流、经销商等其他环节。

企业必须注重每一个环节，与每一个环节取得有效沟通，让营销的效果最大化。各自为战，不仅有可能导致营销效率低下，甚至有可能出现一些致命错误。例如某淘宝商家的营销，在网站广告、用户交流等环节上做得都非常顺利，发货给消费者的时候也不曾出现什么纰漏，但是等到顾客收到货物，发现自己订购的物品居然已经损坏，果断给商家差评。检查了整个过程中，原来商家没有事先告知物流该物品是易碎物品，要轻拿轻放，物流也就没有做相应的保护措施。

线上交流不仅是商家与用户之间的，同样适用商家与商家之间交流使用。这就是电子商务的妙用了，通过工作网络，商家能够将每一个具体的营销细节传达给自己的下家，并将收到的营销信息反馈给上一个环节，保证每一个环节不出差错。无论对哪一类型的企业来说，线上线下的整合都是亟须完成的。

线上线下整合要点五：根据市场需求二次定位

市场定位永远不是一劳永逸的，而是一个不断发展、改变的过程。曾经能够为企业带来巨大利润的成功定位，也有可能随着时间的推移、市场的变化、客户需求的变化而失去优势，甚至有可能制约企业的进一步发展。

二次定位，也被称作重新定位或者再定位，是指商家针对其品牌、产品、服务或企业本身的组织结构、相关制度、管理模式等进行的重新定位，从而改变消费者对企业原有的印象和态度。简而言之，**二次定位就是企业帮助客户对于其新形象重新认识的过程**。

在企业进行整合的时候，必须在适当的时机进行二次定位。因为企业线上宣传和线下销售都因为整合而发生了一定的变化，导致了客户对企业的现状不是很了解，企业自身对新的营销目标和手段也感到陌生，这就需要重新定位，为企业锁定客户群、找到发展方向。

二次定位不是原有定位的简单重复。不是说企业丢失了客户再把客户找回来这么简单，而是要求企业经过整合后对市场进行再认识，对原有品牌、产品和服务进行一定改变。二次定位不能草草进行，需要在企业深入分析自身的特点和市场需求等因素的基础上，才能达到二次定位的效果。

一般而言，二次定位有以下三个基本步骤，具体的操作步骤如下：

第一步、对企业的产品、服务及品牌定位，针对现状进行调查分析与形势评估

这一步非常重要，因为这样才能确定进行二次定位的原因和必要性，坚定企业重新定位的决心。

通过对消费者的调查，对自身的现状进行评估，调查消费者对企业产品、品牌等要素的评价，再根据调查结果，对企业现有形势做出总体评估。二次定位的需求可能出自不同的原因，也正因为如此，企业要从内、外部分析，双管齐下进行二次定位。分析产品和品牌的定位现状是必须的，同时，产品的销售状况以及未来可能的状况等，都是调研的主要内容。企业还要分析行业的竞争状况，了解到原有消费者的消费观念变化，才能进一步确立（或重新确立）企业的发展目标。

第二步、仔细分析市场，锁定目标客户群

目标客户可能会因企业整合而流失，这就需要企业根据市场需求拉回原有客户、吸引新客户。对市场进行细分，了解到当前市场的需求是什么，调查得出数据和企业特点以及优势，确定主要针对的市场方向，从而重新锁定目标客户群。

第三步、准确传播新的定位

在企业二次定位的策略确立后，着手准备制定新的营销方案了。这一全新的营销方案，将是企业整合后首次亮相在营销战场，必须加以重视。要将新的品牌信息、产品信息等传递给目标客户群，最终目的是要在消费者的意识中用新的企业形象取代原有定位。

线上线下整合要点六：追踪消费者访问痕迹，搜集有用数据

在整合线上营销的时候，最重要的就是对数据的收集。无论是用户的售前反馈还是购买后的反馈意见，都属于数据的一种，而对这些数据的收集，不但有利于企业下阶段的营销环节，也能够完善其数据库，丰富营销手段。

数据对企业来说，能够帮助商家分类客户。每一个类别的客户对产品的外观、功能、价格等都有不同的需求，这就要求企业有能力将其一一划分开来，从而实现针对不同人群采取不同的营销手段这一优势营销模式。

完善的数据库有利于企业进行营销调整。企业并不能保证一开始的营销路线是正确的，毕竟这一路线只是根据理论上的分析和市场营销的固化模式来进行的，不能百分之百肯定一次就能找到准确的客户群，更不能保证后期营销能够被大部分用户接受。企业可以利用网络技术，借助网络服务商、搜索引擎服务商的帮助，统计客户经常浏览哪些网站、搜索过哪些关键词，从而制定出一套更为完善、更有针对性的营销策略。

互联网营销的监控手段中，最终消费者的浏览痕迹是一个非常实用的技巧。

一般来说，商家本身是没有权限和能力去调查和统计消费者的浏览痕迹的，但是商家做不到的事不代表一些知名的网络运营商做不到。如谷歌、百度这些搜索引擎，就有着关于用户浏览痕迹的详细统计数据，**商家要争取与这些服务商取得联系，抱团合作，获得这些公司的支持，实现对用户具体数据的统计，再加上自己的分析和判断，不难得出一些有用的信息，从而实现对于消费群的锁定**。

第19章 无处不在的移动应用程序

近年来，随着APP市场的不断发展，越来越多的移动应用映入人们的眼帘。移动应用包含了人们生活、工作、娱乐的方方面面，可以用无处不在来形容。

移动应用已经完全融入在人们的日常生活中，不论是出行时，工作中，还是闲暇在家，人们都会掏出手机，利用当中的各种应用软件帮助自己解决问题。在某种程度上，移动应用的流行度已经全面超越了浏览器——用户们正在逐渐抛弃日渐僵化的网页浏览器，转而更青睐移动应用。

同时，移动应用对商家来说也是营销最便利的工具之一，移动应用不仅覆盖了各行各业，更为人们接受信息、传递信息带来了极大的便利。而这种信息的流通性就是商家最想看到的结果。

移动应用具有巨大的渗透性和带动性，以至于其影响力超出了通信行业的限制，向房地产、汽车、金融、酒店等广泛的商业领域不断扩张，用途愈加多样。正是这些现象，吸引了各行各业的商家参与进来，都想利用这些移动应用，在移动营销中分一杯羹。

移动应用在与安全系统之间的信息交流中就有着一定的体现。例如，一款手机应用，通过手机的内置相机，识别酒窖红酒瓶软木塞的松紧程度，自动发出警报，提醒服务员将这瓶红酒放到冰箱内。再例如，谷歌的智能家居自动化战略，利用移动应用作为主要载体——一款应用可以通过各种指令控制房间内的其他家电。

由此不难发现，移动应用已经从最初简简单单的手机软件，逐渐向日常生活中的其他领域发展，已经开始显示出了不错的效果。

这是值得商家们注意的。随着移动应用与人们现实生活越来越联系紧密，这也意味着更多的营销商机将呈现出来，真正作用于具体的营销活动中去。

移动应用程序中的商机

随着智能手机、平板电脑这些移动产品的普及，移动互联网市场在最近几年的发展尤为迅速，尤其一些形形色色的移动应用，让很多用户乃至商家眼睛一亮。在移动平台上，用户可以借助移动网络，使用更多更方便的移动应用完成那些原本只能在电脑上完成的工作。在北京、上海、南京等城市的公交车、地铁上，很多学生、白领都会利用乘车间隙用手机上网聊天、浏览网页、炒股，而这似乎已经成为司空见惯的事情了。

移动应用的出现，给营销带来了前所未有的巨大商机，只要企业愿意在这一领域有所投入，那么回报企业的必然是理想的营销效果和出乎意料的收益。

根据中国移动在2012年的最新统计数据来看，截至2012年7月，中国的手机应用网上商店——电信移动应用下载平台上，可供下载的应用程序数量达到了12.6万个，而这仅仅是一家网上商店从2009年8月上线至今，不到三年就取得的辉煌战果。该平台上，每天的应用程序下载量都会超过1000万次，而应用程序的总下载量也已接近9亿，这是一个多么庞大的数字？值得一提的是，移动应用的火爆带来了软件开发商的生意兴隆——到2012年7月，该平台已经吸引了大约370万名软件开发人员的加入。国内的很多开发商已与很多企业建立了合作关系，为商家的移动应用营销提供服务。由此可见，无论是移动互联网业务还是移动应用，都有着无限光明的发展前景。

随着3G网络逐步完善和成熟，原本不怎么关注这一领域的众多企业也发现，移动网络越来越值得关注了。而在移动互联网的各种应用中，蕴含商机最大、发展最成熟的，不是系统类软件，也不是工具类软件，而是手机游戏。根据调查结果显示，手机游戏的下载量占到了所有程序总下载量的70%。从互联网的发展经验来看，**以手机游戏为代表的娱乐移动应用的成熟，标志着移动互联网正在向移动电子商务方向加速发展，其中的商机也被**

不断放大。

移动应用的盈利能力、营销功能早已不再是秘密，国内企业采用移动应用来做营销的手法也日趋成熟。沟通、传输通过移动网络能够快速实现，商家与消费者、产品和服务与户的距离也不断拉近……这些都将为国内的移动商务带来巨大的发展空间和潜在市场。移动应用已经凭借上述这些辉煌的数字，证明了自身蕴含的商机和发展潜力。应用市场也用事实证明了它们具有不断完善自身、为企业盈利的能力。在这种情况下，唯一需要的就是广大商家进入移动营销市场的决心和行动，因为前路都已经由运营商和软件开发商铺好，唯一欠缺的就是商家踏上这条道路的勇气与决心而已。

因此，商家不能在移动营销的门槛外徘徊，而是要果断加入其中，抢夺移动营销的第一桶金。

自己动手还是外请公司做程序

制作移动应用是移动营销的开端。一款优秀的移动应用可以给企业带来意想不到的收获。企业会面临选择——到底要让一些软件开发商为自己研制产品，还是自己动手研发？相对来说，如果企业有能力的话，自己研发移动应用比较妥当，原因有以下几个：

原因一、企业对自身情况的掌握肯定比软件开发商要准

企业自主研发应用一方面针对性很强，另一方面把信息更有效地渗透到软件的每一个环节，对营销起到促进作用。制作移动应用非常简单，甚至只要在百度搜索键入“移动应用开发”，就会出来很多可以DIY软件的工具和在线平台。

没有能力开发移动应用的企业最好外请专业的软件开发团队制作。一款不完善的软件不仅不能起到营销效果，反而有可能因自身的一些缺陷而贻笑大方。

值得注意的是，应用制作必须考虑用户期望。移动应用应该是美观、准确、实用、友好的，因此，要打造值得信赖的移动应用，该应用在性能方面、界面方面的表现是非常重要的因素。

无论打造怎样的移动应用，正确的方式方法都是至关重要的。制作方法是人们制定制作与工程准则的初衷。在移动应用的制作当中，制作方案的选择不仅会影响到企业的营销结果，也会影响到应用的各个方面，包括内容、交互、视觉及性能表现，都是一款移动应用所能带给用户的感受来源。

很多企业会将性能表现方面的制作责任抛给软件开发商。这种观念有可能造成的最直接的后果，就是很多应用涉及性能方面的潜在问题只有在软件投入使用后才会暴露出来。其实，移动应用技术开发方面，**企业应该在产品创意初期就适度介入，从而保持对制作方案的技术可行性的评审**。

成也程序，败也程序

很多商家利用移动应用获得了营销的成功，也为企业谋取了巨大的利益，但是也有不少商家的移动应用营销走向了失败。

同样是在做移动应用的营销，为什么会产生不同的结果呢？

原因一、有的企业制作的移动应用，仅仅是在做简单的营销转化，没有从移动网络、媒介的特点进行定制，更没有对软件进行具体的分析和规划。

就像很多商家刚刚从传统营销过渡到网络营销时一样，仅仅将纸质媒体放到网上，而不能充分利用网络营销的互动性。现在很多企业又犯了同样的错误，只是简单地把网络站点的内容照搬到移动应用上面，并且认为这样就是在做移动营销了，不能充分利用移动设备所具备的特征和优势，哪怕是使用了移动应用，也注定会失败。

原因二、还有的企业则是被所谓的商业分析和专业观点误导，致使移动应用的效能并没有得到充分发挥。

移动网络的扩展触及到了许多移动互联网相关的问题。如营销的合法性、销售的具体实现、移动应用的运营及操作、营销业务的具体过程以及企业的网络管理等，都给移动互联网的普及和应用带来了许多挑战。这些挑战有可能让一些所谓的商业分析机构作出一堆类似于移动营销不利于企业发展的猜测，导致企业管理层受到误导，从而终止了移动应用的开发及投入使用的过程。

原因三、惰性和惯性同样是企业的移动应用无法取得成功的障碍之一。

很多企业内部本身缺乏对移动产业足够的支持。而在这种情况下，一旦移动应用的研发过程或在营销过程中出现了什么问题，就会有质疑的声音传出来——这是惯性思维的结果，也是所有新事物产生时必将面对的挑战。在移动网络运营中，一旦出台相关的法律法规，有什么风吹草动，都会打击一些人对移动营销乃至移动应用的信心，从而中断移动应用的项目开发，这是最令人遗憾的失败，原因就是它出现在内部，而不是企业真的做不好移动营销。

原因四、企业过于期待移动应用所能带来的回报。

许多企业投入了巨大的资金，针对移动应用的开发和运营，以求效益的最大化。殊不知，投入这么大比例的资金后，会对企业其他的营销链带来很大的影响。毕竟，移动营销即便是发展潜力再大，也不可能一下就给企业带来巨大的收益，而这种孤注一掷的手法，不仅不能给企业的营销带来成功，甚至对本阶段的营销来说也是毁灭性的灾难。谁都不能一口吃成一个大胖子，企业在进行营销模式过度的时候更是如此。过于期待移动营销所能带来的汇报，而放弃、忽略原有的营销模式，就意味着企业放弃了原先的客户群，也就等于放弃了市场，企业自然就失去了竞争力。

第七部分

电子商务营销：化被动为主动，消费者盈门不打烊

第20章　以网络为传播介质，引导消费者的脚步

电子商务在前文中就已经多次提起，而电子商务营销更是近年来新崛起的营销模式中的“生力军”。它的营销手段属于微营销的一种，但与网络营销甚至传统营销都是分不开的。而电子商务营销与传统营销的最大不同，就是它是以互联网为传播介质的。

这一营销模式，不仅具有很广泛的用户基础，也有着坚实的技术、设备支撑，之所以被应用和推广的比较迟，是因为其光芒完全被微博营销和移动营销所遮掩。但近年来，越来越多的商家发现了其巨大的发展潜力，也有更多的商家主动参与到其中，而不是被动地接受市场信息。

在第一时间主动出击，就是电子商务营销的核心之一，合理利用网络这一介质，商家不难将自己的营销链进一步扩散，从而使网络成为自己营销的舆论工具，引导消费者的脚步。

新媒体带来新营销模式

Web2.0给时代带来了巨大变革的同时，改变了人们的生活、工作方式，也促使营销思维的巨大改变。

体验性（Experience）、差异性（Variation）、沟通性（Communicate）、创造性（Creativity）、关联性（Relation）这些新名词，都是新的媒体——互联网带来的，也正是这些互联网的新特征，让企业的营销进入新媒体传播的2.0时代。博客、微博、TAG、WIKI等新兴的媒体，逐渐登上了营销的舞台。

传统的营销模式追求的是所谓的覆盖量，也就是企业广告能被多少人看到、听到，如在中央电视台做一次广告，全国至少有上亿人能够看到，这就是收视率；如果放在报刊杂志上，这就是发行量；放在广播上就是收听率；放在网站上，便是点击率和访问量。**这种营销模式，建立在烧钱的基础之上，将广告放置到覆盖量高的媒体可以帮助企业吸引较多的客户注意**。

这种营销方式本质上属于宣传模式，其传播的路径是单向的，对客户（受众）来说，是一种近乎填鸭式的信息灌输。这种营销模式的缺点很明显：除了太过费钱之外，企业很难通过这些媒体接收受众看到广告后的反馈，互动性不够。

一方面，广告商和媒介递交给企业惊人的覆盖量报告，以证明这个广告被很多人看到、听到；另一方面，企业短期内的销量能否通过这种宣传方式获得提升还得论证。传统营销中的广告具有很大的风险性，企业根本不能通过反馈得知自己的营销目的是否得以实现。

基于新媒体的营销模式，则是实现了“覆盖量”向“卷入度”改变。

新媒体营销的渠道也可以被称为新媒体营销的平台，主要包括了互联网门户、搜索引擎、微博、博客、BBS、WIKI、移动设备、App等各种可能出现或已经存在的新型媒体。对比传统的营销来说，**新媒体营销并不是单一**

地通过一种渠道进行覆盖式营销，而是需要多种渠道结合起来，做整合营销——有的企业在资金充足的情况下，还可以尝试新媒体营销与传统媒介营销相结合，形成全方位、立体式的营销模式，效果将会达到极致。

新媒体营销借助于互联网、移动网络等新兴媒介，受众广泛且信息的发布相当深入，也就达到将所有受众卷入具体的营销活动中这一目的。比如说，商家利用博客完成营销目的——请博客的作者们就此次营销的过程和结果展开讨论，这就扩大企业想要推广的品牌价值和产品价值的影响范围。

总体来说，**新媒体营销是基于特定产品的概念诉求与问题分析，对消费者进行针对性心理引导的一种营销模式。从本质上来说，它是企业软性渗透的商业策略在新媒体形式上的实现，通常借助媒体表达与舆论传播使消费者认同某种概念、观点和分析思路，从而达到企业品牌宣传、产品销售的目的。**

企业在做新兴媒体营销的时候，必须知道——社会化媒体营销的基础是各媒体的关系链，也是营销的关系链。

人和组织是营销的对象和基础，新兴媒体营销之所以能够成为营销关键，就是利用互联网，将人与人、人与组织及组织与组织之间的关系链串联了起来。在社会化属性日益增强的互联网中，社会化媒体营销应运而生，就是这种关系链的产物，也是其最重要组成部分之一。

社会化媒体营销的优势之一，就是用户对信息的信任度高。因为这些信息的来源，往往是其他用户通过社交圈传播的，这就是社交关系链的支持。商家只有妥善利用用户的社交关系链，才能充分发挥出社会化媒体营销的优势。

社会化媒体营销（新兴媒体营销）过程中，一定要增大营销内容的传播动力。

商家在知道了关系链对社会化媒体营销成败起到关键作用之后，就要考虑如何利用这些关系链。

新型媒体的出现，无疑为商家解决了这一难题。商家可以通过建立与目标客户群之间的关系链，接触到该用户群所对应的其他关系链。新型媒体给人们带来的，正是这种关系链的互动更加便捷，也让商家有机会接触到更多的社交圈，利用用户之间既有的关系链，注入信息，通过每一个用户的关系网迅速传播。因此，对社会化媒体营销来讲，最困难、也是最重要的，就是学会合理利用新型的媒体工具，增人营销内容的传播动力，把握住用户之间的关系链，为企业的营销带来便利。

基于网络营销的零障碍营销模式

电子商务带来的，不仅仅是企业信息的管理和交流模式上的变革，更是营销模式上的变革，其中最重要的，就是零障碍营销模式的产生。

什么是零障碍营销模式？

零障碍营销模式就是指企业通过电子商务营销的方法，突破一些传统营销乃至网络营销当中可能出现的限制的营销手段。这种手段之所以被称作“零障碍”，就是因为其运作过程中能够对企业的营销造成干扰的因素非常少，从而实现营销顺利完成，缩短营销周期，从而为企业谋求更多的利润。

零障碍营销模式可以说是网络营销的分支，更可以理解为网络营销与电子商务营销结合后的产物，它的投入使用离不开这两者的结合。从根本上来说，零障碍营销模式是一种基于网络营销的营销模式。

零障碍营销模式最先克服的就是交流障碍。交流障碍不仅仅存在于商家与客户之间，同样存在于营销产业链中商家与商家之间。如果只是单纯进行传统营销或网络营销，各个环节的商家除了在发布任务之外，几乎没有任何交流和接触，这就导致了营销环节中有可能出现一些纰漏。而电子商务的出现，恰巧解决了这一困扰企业的交流问题，通过网络平台和线上咨询，商家之间完全可以在第一时间取得联系。

零障碍营销模式同样克服了线上线下结合的障碍。有很多企业在做营销的时候，线上宣传和线下营销基本是脱节的——销售与宣传脱节，导致的问题可大可小，轻则货物出现问题，重则产业链脱节，从而让资金链也会受到牵连，严重影响企业的发展。零障碍营销模式可以说是电子商务营销提供给这一问题的良药，通过这一途径，商家能够与物流、经销商等方面取得联系，下达指令，就能够从很大程度上避免这些以外的产生。

化被动为主动，消费者主动盈门

电子商务营销不单是一种可靠的营销方式，也可以说是网络营销赐给商家的一块敲门砖，利用好这块敲门砖，商家完全可以化被动为主动，提高自身的市场竞争力，与竞争对手抢夺客户，提升市场占有率。

很多商家会发现，有的企业基本上没有费什么功夫，就能够让消费者如潮水一般涌过来——消费者主动盈门，是任何一个商家都想看到的，但是想要实现又谈何容易？

要消费者主动找上企业，就必须企业主动找上消费者。那么，商家该如何利用电子商务营销来给自身的营销提供优势呢？

企业做营销的实质，就是要用自己的产品和服务去满足客户的需要，从而让客户产生购买欲。也就是说，实现企业盈利的关键，就在于企业所提供的产品及服务能否满足客户的需求，从这一点着手，就会使营销变得轻松很多，尤其是有着电子商务的辅助，做到这一点对于商家来说并不困难。商家必须主动出击，才能够让用户从被动的接受营销信息，过渡到对营销信息感兴趣，从而对企业的产品感兴趣。

企业要去寻找消费者的需求

商家在满足消费者需求之前，必须了解他们有哪些需求，这些需求是不是自己所能满足的。这些调查方式可以是问卷调查、走访调查、网络调研、抽样调查等形式，但无论是哪一种形式都要提出一些针对消费者的需求的问题，来让消费者解答。然后企业再根据消费者的反馈信息，才能采取对应的营销手段。

企业要满足消费者的需求

在了解了消费者的需求之后，企业如果不制定出应对的营销手段、生产能够满足用户需求的产品，那么就失去了之前询问消费者需求的意义了。所以，商家必须针对用户的需求，对于营销模式进行一定的调整，甚至是调整自身的产业结构。

企业要尝试创造消费者的需求

如果企业一直处在被动的调查和改进阶段，那么必然会失去营销的主动权。就算是之后调查清楚了消费者的需求所在，但是花费了大量时间之后再做营销调整，就会有可能让企业落后于营销对手，所以企业不能仅仅是按常理营销，还要尝试去创造一些能够满足他们需求的产品，才能够抢占先机。比如说，某手机游戏开发前，游戏开发商就曾经进行过一次针对玩家的调查，最后获得的关键词是“休闲类”“射击”“动物”“可爱风格”“抛物线”，于是这些关键词被开发商揉捏到了一起，就有了今天风靡世界的手机游戏——愤怒的小鸟。

第八部分

前瞻4.0营销模式

第21章　大胆预测微营销工具

现在，微营销的发展已经日趋成熟，在很多领域内商家都会无奈地发现——来得晚了，不少微营销平台都已经被不少企业作为“跑马圈地”的场所，市场也被瓜分的差不多了，自己根本没有多少立足之处。

然而事实并非如此。微营销可以说是营销方式的一个巨大的蛋糕，其蕴含的市场量是接近无限大的，没有完全成熟这一说法，只有不会发现商机的企业。

当然，现在的新浪微博、腾讯微博等主流平台上，企业想要插足确实略显姗姗来迟，一些比较早进入的同行也已站稳脚跟。在这种情况下，为什么还要继续纠结无法进入这些主流平台呢？为什么还要挤破了头往别的企业的领地里钻呢？

一个既能避免因为抢占市场而产生恶性竞争，又能让企业抢占先机的好办法，就是去开辟新战场。

没错，商家无需还停留在微博营销、移动手机营销、电子商务这些已经发展饱和的营销模式中，而是要发现、使用一些新兴的营销工具。很多新型营销工具已经初具雏形，并且展示出其强大的微营销潜力，蕴含无限商机。

本章要重点介绍的两大微营销工具——微电影和UU微博通，就是这种潜能强大的微营销工具，商家如果能发现其中的商机，及早进驻，好处将会是巨大的。

大胆预测，果断使用，是一个企业家必须拥有的营销魄力，也将是企业微营销成功的开端。

微电影：低成本营销新希望

据统计，2010年中国内地票房收入突破100亿元人民币。但是即便如此，还是有近4/5的电影无缘在院线上映。这是为什么呢？因为电影院同时所能承载的同档电影数量是有限的，很多电影因此被挤掉了上映的机会。

但是，网络电影及微电影的出现，很好地解决这一现象。档期在任何时候都显得十分拥挤，电影市场的空间越来越小，很多电影拍了之后根本连走向院线的机会都没有，因此新的通道——网络，就帮助这些电影缓解了燃眉之急。

微电影，顾名思义，就是微型电影。微电影是指那些专门运用在各种新媒体平台上播放的电影，它们适合在移动状态和短时休闲状态下被用户观看的。而这些电影也具有完整策划和系统制作体系，具有完整故事情节。微电影的时长很短，一般在30～300秒之间，其制作周期也非常短，一般仅仅为1～7天就能完成。微电影的规模投资也很小，基本上在几千元至几万元一部。但是麻雀虽小，五脏俱全，微电影的内容包含了幽默、时尚、公益、教育、商业定制等各种主题，覆盖面相当广泛。

而对广大商家来说，微电影的出现给他们带来的惊喜丝毫不亚于微电影给电影界带来的希望。他们在微电影当中嗅到了商机，发现了微电影所蕴含的巨大商业价值——一部成本低廉的微电影，只要内容够新奇、含义够深刻，往往能够迅速蹿红，风靡全国，而商家如果能搭上这班顺风车，其营销效果也是不可估量的。

微电影的出现，迎合了广告营销新阵地的需要

随着广大网民对广告的容忍度越来越低、抵触心理越来越强，商家发现，营销中的广告越来越难做了，尤其是那些生硬、直白的叫卖式广告，根本就有些拿不出手的感觉，还会遭到消费者的唾骂，不仅不能起到营销的促进效果，反而得不偿失。所以，广告需要采用更软性、更灵活、更容易被客户接受的营销方式。而微电影的产生无疑迎合了这种需求，商家可以通过定制专属于企业自身的微电影，来实现企业的隐蔽式营销——毕竟只要是有剧情、有故事情节的，用户都乐意把广告看完，这种类型的微电影，就是这种有情节的“加长版广告”。

微电影比传统营销中的广告更有针对性

观看微电影的人群主要是具有较强购买力和活跃开放消费观念的年轻人，所以起到的效果往往会更好。通过微电影，企业可以把产品信息、品牌理念这些与企业相关的东西，与微电影的故事情节巧妙地糅合到一起，从微电影的视听效果，与观众进行情感交流，从而促使观众形成对企业的认同感。

UU微博通：实现对外业务云服务

在微博营销市场已经发展成熟并已经接近饱和的情况下，一款软件的出现给企业的营销提供了另外一个发展平台，那就是UU微博通。

UU微博通是用友企业社区自主研发的一款微博组件。该社区将UU微博通定位为一款致力于为企业打造全方位服务的软件，为用户服务的同时，也给企业提供了一个进行微营销的平台。所以，UU微博通既为企业提供实用的微营销应用工具，也同时担负着聚拢企业微营销平台的功能。

UU微博通的出现，最大的意义在于它实现了企业对外业务的云服务。云服务的营销模式，即通过提供企业丰富的个性化产品及服务，满足市场上日益膨胀的个性化需求。**这种营销方式利用第三方网络平台，为企业提供资金、推广、支付、物流、客服等一整套具体而详细的服务，从而让企业把自身的运营能力像行云流水一样让外部随时使用**。

在移动互联网时代，微营销无疑将成为未来营销的主流模式之一，社会化媒体与生活的联系更加紧密，UU微博通为了应对这一新形势，增加了软件与ERP、CRM的整合应用，也就是说，商家利用这一软件，直接就可以实现在线营销的支付并且获得专业的微营销指导。UU微博通有着众多的附加云服务的能力，不仅满足企业最基本的微营销功能，也充分结合了移动网络的优势，帮助企业逐渐实现对外业务的云化，从而降低企业自身的营销成本。

UU微博通的功能强大

在它的平台上，不仅聚合了新浪微博、腾讯微博、搜狐微博等多家国内一线微博平台，平台用户更可以凭借单一账号实现多账号的同步发布微博。对企业来说，这一意义无疑是重大的，因为这意味着企业乐意一站式管理所有的官方微博、跨平台分享微博、跨平台实现数据的管理和共享，帮助企业的线上服务人员和营销人员轻松同步管理多个企业官方微博账号，可以说是企业微营销的得力助手。

同时，UU微博通支持上传图片的功能，即拍即传。这一功能能够帮助企业时刻了解时事热点，随时根据图片信息发掘市场需求，从而将微博营销的功效最大限度地发挥出来。

UU微博通移动端作为微营销的利器，与其他个人用户的“微博通”软件最大的不同之处，就是其鲜明的企业属性，这是其他同类软件所不具备的。在UU微博通的平台上，只要点击“广场”→“专家推荐”，就会出现成功商家或是业内名人的专业发言，点击就可以轻松查看该专家的所有发言。这一功能，**无疑是商家用来提升自我营销知识和专业水平的最佳途径**。这一功能，就相当于为企业间的交流建立起一座座沟通的桥梁，企业也可以通过交流快速发现潜在商机，可谓是妙用无穷。